王儀著

明代平倭史實

中華書局印行

明代平倭史實　目錄

壹　說明

元世祖兩次征日，日人視為「空前國難」，朝野震悸，舉國騷動。後宇多天皇更親往九州八幡祠，祈神降福日人，又宣命大神宮，以身代國難。三島之上，戰雲密佈，群情惶恐，市無糶米，百業停頓，情勢之嚴重，為日本自神武天皇開國以來所僅見。終因颱風助日，元軍於深入日本本土作戰，獲得輝煌戰果後，以風災倏起，猝不及防，致使大軍覆沈海中，日本幸免亡國之禍。

元世祖好大喜功，兩次東征，喪兵折將，於心未甘，旋有三度伐日之議。元至元十九年（日本後宇多天皇弘安五年、西元一二八二年），世祖敕令平灤（河北永平）、高麗、躭羅（高麗屬國）、揚州、隆昌（南昌）、泉州等地，趕造大小戰船三千艘，積極備戰。遇山砍伐，萬山為童。

日僧斷江此時在明禪修，觸景生情，賦感一則說：

「萬木森森截盡時，青山無處不傷悲。斧斤若到耶溪上，留個長松啼子規。」（貞和集）卽為當日元政府大興兵工的寫照。

中、日兩國關係，雖因元軍東征而趨惡化，但日商來元貿易，迄未中斷，海上船舶航行，通暢無阻。日本政府的最高執政者——「鎌倉幕府」（中古時期的日本，軍旅出征，居無常所，以幕帟為府署，故稱幕府。日本的幕府政治時代，換言之，卽是軍閥專政時代。）的北條時宗，自日商回國的傳述中，獲悉元軍企圖，為偵察元軍動態，經常派遣諜工人員，以商人姿態，隨日舶入元，在東南沿海一帶，進行其間諜活動。

日本鎌倉幕府，自北條時宗以後，無一出色人才。至北條高時執政，放恣聲色，不理幕政，「內管」長氏專權，賄賂公行，民心喪失，幕威大減，致爲九十六代的後醍醐天皇所推翻。天皇重整聲威，日本一時有中興氣象。未久，足利尊氏稱亂，攻陷平安（西京），後醍醐天皇南奔吉野，足利尊氏乃擁光明院爲天皇，據平安而立；自是島國分崩，形成「南北對峙」之局。戰敗武士，窮無所歸，流亡海上，淪爲海盜，遂啟刼掠中國沿海之漸。惟初起之時，僅屬零星搶刼，爲害不大，蓋懾於元軍東征餘威也。

明太祖一統中國，方國珍、張士誠先後伏誅，其部屬多係浙江濱海士著，夙曉海事，首領既敗，進退失據，繼而相結入海，勾結日人，明目張膽來犯。從此，沿海各地，寇警時傳矣。

明太祖有鑒元師兩次東征，均勞而無功，故對倭寇騷擾，除撫剿兼施外，並藉外交途徑，希望日本政府就地消滅，以杜亂源，但收效至微。至「丞相」胡惟庸通日謀叛事發，明太祖一怒而絕日本貢使，更著祖訓，列日本爲「不庭之國」。至此，日本與中國形式上，似有若無的邦交關係，隨之破裂。惟終太祖之世，因海防實力的增强，海上尚稱平靖。

明成祖得位，英明有爲，國運之隆，如日麗中天，海外貢使，川流不絕，爲大明帝國國勢最盛時期。此時也，日本北朝「征夷大將軍」足利義滿，已統一日本，南北分裂之局，雖告結束，但國內兵燹連年，民生凋敝，政府財政支絀，基於經濟利益，特遣使貢明，恢復中、日邦交，欲藉貿易之利，爲其國家廣開財源也。

足利義滿暫心明室，自動剿捕海寇，深獲成祖賞識，冊封為「日本國王」。惟好景不常，足利義滿死後，日本國內，群雄割據，兵禍連結，幕府無力鎮壓，為日本史上，最混亂的「戰國時代」。僨軍之將，流竄海上，據島自雄，因是，中國沿海之地，幾成其刧奪之目標矣。

明代自太祖開國以來，歷次剿倭之役，間小勝，而無大捷，日人因而輕視中國，故坦然來犯。直至明永樂十七年（日本稱光天皇應永二十六年、西元一四一九年），「遼東總兵」劉江於金山衞西北的「望海堝」，以奇兵大勝倭寇，從此，山東濱海之地，寇踪絕跡，而東南瀕海各地，倭寇亦不敢公然來犯，沿海賴以生息約百餘年。

明宣宗、英宗、景帝、憲宗、孝宗、武宗諸朝，日本國內戰亂相尋，經濟蕭條，室町幕府一再請求明室經濟援助，並締結中日商務條約。此一時期，倭寇雖間或乘虛襲擊，但其為害尚小。

明世宗繼位，對日貿易政策，舉棋不定，時而禁海，時而開放，中國閩浙濱海奸民，因利之所在，勾結日人走私，狼狽為奸，爭執時釁，倭寇之禍，隨而轉厲。倭情專家胡宗憲說：「倭奴擁衆而來，動以千萬計，非能自至也，由內地奸人接濟之也；濟以米水，然後敢久延。濟以貨物，然後敢貿易。濟以嚮導，然後敢深入。海洋之有接濟，猶北陲之有奸細也。奸細除，而後北虜可驅，接濟嚴，而後倭夷可靖。」加之閩浙豪門勢家，因緣逐利，包庇奸民，更而助長日人釁邊野心。「巡撫福建都御史」朱紈，對此輩「衣冠之盜」，深痛惡絕，他說：「去外國盜易，去中國盜難。去中國瀕海之盜猶易，去中國衣冠之盜尤難。」由今思昔，攘外必先安內，物必先腐，而後蟲生，此誠千古不易之定律也。

明嘉靖三十三年（日本後奈良天皇天文二十三年、西元一五五四年），海上巨魁汪直坐遣倭寇，聯航數百，蔽海而至，浙東西，江南北，濱海數千里，同時告警。「浙江巡撫」胡宗憲深知汪直之勢不可侮，竭力勸誘汪直起義來歸，惜明廷此時缺乏目光遠大之士，顧慮過多，不敢收編，竟而置汪死罪。汪黨以政府背信殺降，憤而糾集日人，大舉聯犯東南濱海省區；浙江、福建、廣東、江蘇，以及江西等地，遍受蹂躪（此後倭寇亦稱海寇）。直至明嘉靖四十三年（日本正親町天皇永祿七年、西元一五六四年），始爲名將譚綸、戚繼光、俞大猷、劉顯先後殲滅。倭寇之患，雖告平定，但漕運軍食，全國騷然，人民生命財產之慘重損失，實難勝計。明人刼後餘生，遂致力研究日本文物，而日本地圖之繪製，則爲倭寇之副產物也。

穆宗時期，廣東巨寇曾一本、黃朝太等，又復勾引日人入寇，而曾黨之粱本豪，尤稱驃桀，直至明神宗萬曆十六年（日本後陽成天皇天正十六年、西元一五八八年），方告全部平息。蓋此時疆吏懲嘉靖之禍，海防頗飭，賊來輒失利也。

日本此時已臨「戰國時代」末期，室町幕府業於正親町天皇永祿十一年（明穆宗隆慶二年、西元一五六八年），爲織田信長所推翻，統一大業，進展迅速。信長以「尊王」號召全國，惟馭下過嚴，其部屬明智光秀起而反叛。日本天正十年（明神宗萬曆十年、西元一五八二年），信長遇刺，統一之功，虧於一簣。其部將豐臣秀吉，繼其遺志，與德川家康交戰於小牧之後，稱雄三島，奠定霸業。當明室平定倭寇之後，其遺黨欲煽動豐臣秀吉起兵討明，以雪戰敗之恥，故進諂言說：「華人畏日如虎，可往攻奪。」豐臣秀吉乃大治兵甲，準備討明，並遣通曉朝鮮政情的宗義調赴朝鮮，告以假道攻明，朝鮮不從，於是導致七年之久的中日朝鮮之役（韓史稱之壬辰之亂）。「歷史上中國與日本的戰爭，只有這一次是徹底的勝利，雖然中國喪師數十萬，費餉數百萬兩，所花費的代價，不可謂爲不鉅。但是，日本由於這次戰爭的懲創，亘一百三十年，元氣都無法恢復；亘三百年不敢在朝鮮生事；而同期之內，清朝沿海的沒有倭患，也可說是受這個戰役之賜」（見李光濤朝鮮壬辰倭禍中之平壤戰役與南海戰役）。

夫三十年爲世，人事之變化，固多隨時間而異其致；若夫山川險易，則初不於數十百年之間，而遽有陵谷滄桑之改。民國二十六年（日本裕仁天皇昭和十二年、西元一九三七年），中日戰爭爆發，日軍奔突之跡，衡之歷史，往往爲古人用兵所由；以浙省爲例，如軍興不五閱月，杭州及浙西諸縣，即次第淪陷敵手；凡此皆足以見其處心積慮，謀我有素。治史學者如能致力此類史實的研究，不獨爲史學另闢一新途徑，且有助於國防大焉。

貳　倭寇的組成分子

「明史」所稱「倭寇」，意指日本，但日人則持相反意見，他們認為倭寇，僅是日本西南濱海之地的亂民，二說顯有出入，這是中、日雙方，對倭寇一詞所持的不同意見。

筆者的意見，認為倭寇既非如「明史」所泛指的一切日本人，亦非盡如日人所說的西南亂民。由於倭寇沿海為患，長達三個半世紀，歷時三百六十三年，自中國南宋理宗時期開始騷擾高麗海岸起，至明神宗萬曆十六年（日本後崛河天皇嘉祿二年，至後陽成天皇天正十六年。西元一二二五年，至一五八八年），倭患平息止，所謂倭寇，因其時代背景的不同，而其組成分子，則時有改變；例如倭寇在高麗沿海騷擾最盛時期，其組成分子，為日本西南的九州，及瀨戶內海之日人，其中不乏戍守沿海的御家人（按封地不滿萬石之田園地主，直隸幕府將軍。曾由鎌倉幕府徵調在北九州海岸警備）。在元世祖策劃第三次征日時期，鎌倉幕府為偵察軍情，經常派遣江南軍（按為元軍第二次征日，被日本俘獲之范文虎部衆）喬裝日商潛入，在東南沿海一帶，展開其諜報活動。此時，倭寇組成分子為日商、江南軍被俘士卒，與日本西南邊民。在明太祖統一中國之初，日本正當「南北朝時代」，國內兵爭不息，窮無所歸的戰敗武士，逃竄海上，與張士誠、方國珍流亡海上的散勇結合，在中國濱海之地，趁虛偷襲。這時所謂倭寇，可以說是中、日兩國的遊兵散勇。在明世宗嘉靖間，是倭寇最為猖獗的一段時期，但日本人在比率上，反占少數，其中多為閩、浙、粵沿海之地的海盜，與貪圖暴利的奸民，以及被威迫落寇的良民。這個時期所謂倭寇，可視爲中、日匪類的大結合。是知「倭寇」一詞，由於時代背景的變遷，其分子亦隨之而異，故不盡專指一特定分子也。不過日本人成爲倭寇的主角，則是鐵的事實，已不容否認的了。

以上是筆者讀史的一點心得，不敢說是正確，虔誠的希望學術先進的指教！

叄　早期的倭寇

一　海盜式的倭寇

中國南宋理宗時期，日本九州，及瀨戶內海之日人，所組成的海盜集團，以對馬爲根據地，用武裝商船隊，開始在高麗（今韓國）南部沿海岸騷擾，搶米穀，掠倉庫，擄農人。日史對此亦有記載；如後崛河天皇嘉祿二年（西元一二二五年），對馬與高麗人交戰事（明見記）。

同年，對馬人寇高麗之全羅洲（百練抄）。

後崛河天皇貞永元年（西元一二三二年），肥前之民，擾亂高麗沿岸（吾妻鏡）。

倭寇侵犯高麗最盛時期，則在元世祖第一次東征日本之後（日史稱爲文永之役），元軍在博多的縱橫衝殺，戰事的激烈，遠勝唐代劉仁軌大敗日軍於白江口之役，日人視爲空前國難（日本名畫家繪有元兵上岸縱橫殺戮圖，題署元寇之災。）他們認爲元軍的渡海東征，導源於高麗的聳動，因而將痛憤元政府之心，轉嫁於高麗，盡情肆擾，以資報復。由於日本列島，橫列亞洲大陸門前，與中國一衣帶水，而朝鮮半島又突出於其間，地理毗連，誠如日本內田博士所說：「海之爲物，能使國與國相隔離，又能使國與國相聯絡，遠距離之交通，航海反易，故古代海上之交通，亦意外容易云。」（日本國史總論）。高麗與日本隔一對馬海峽，海上交通便利，故日人對高麗採取報復行動，亦更便捷也。

筆者在「中日關係史」一書中，對元世祖征日動機，有以下的論述：

「元代當太祖、太宗兩朝，以經略西方爲主，全力灌注西北。自憲宗以迄世祖，對外侵略目標，已由西北轉向東南，聲勢所趨，高麗、安南、緬甸諸國，接踵入貢，惟日本遠在海中，未見遣使通好。世祖於平定高麗內亂，因聽信高麗人趙彝進言，謂日本可通，致有招撫日本之意。又據馬可波羅的『東方旅行記』說：『或有人語忽必烈（卽元世祖），此島（指日本）異常豐富，乃欲起兵取此島。』此卽高麗人所進之言也。復據『元史高麗傳』說：『帝（指元世祖）曰：自爾（指高麗使者）來者，言海中之事，於宋得便風（按此時南宋尚負隅抗元），可三日而至，日本則朝發而夕至，舟出載米，海中捕魚而食之，則豈不可行乎？』可知元軍征日，固因元世祖的好大喜功，然高麗人的策動，當不無影響也。」

同書又指陳高麗對元軍的支援說：

「據『元史世祖本紀』說：『高麗王王禃，遣其臣崔東秀來言：備兵一萬，造船千隻。詔遣「都統領」脫朶兒往閱之，就相視黑山日本道路。』可知高麗以武力支持世祖東征，亦爲事實。

日人受元軍創痛，既乏雄厚武力以報復，遂退而轉向高麗擾亂，藉洩其憤。此時倭寇的組成分子，大抵爲戍守日本北九州的御家人，他們抱怨鎌倉幕府的長期征調戍守沿海，勞苦終年，而田園荒蕪，於是將憤恨幕府之心，轉洩於高麗，遂與日本西南邊民相結合，組織武裝船隊，以海盜方式，侵犯高麗。」

由於倭寇對高麗頻擾無已，故當元世祖至元十五年（西元一二七八年），元罷高麗合浦之鎮戍軍時，高麗忠烈王曾奏請留合浦戍軍，以備倭寇（高麗史）。

又如日人於至元十七年（日本後宇多天皇弘安三年、高麗忠烈王六年、西元一二八〇年）五月，擾高麗之固城、漆浦（今韓國興海郡）、合浦，擄走漁人（高麗史）。卽屬日人對高麗報復的顯著例證。

關於倭寇侵犯高麗的史實，筆者在「中韓關係與日本」一書中，有較詳細的報導，本文從略。

二　間諜式的倭寇

自元至元十一年（日本龜山天皇文永十一年、西元一二七四年），元軍東征日本之後，中、日邦交雖極惡化，但海上貿易，迄未間斷。日本商人，以利之所在，仍常川航駛中國海岸，從事貿易。此時日本國內，普遍缺乏銅錢，日商輒以黃金兌換，元室有鑒隔海遠征受挫，對日似有懷柔之意，故未加干禁。

元至元十四年（西元一二七七年），元廷於泉州（元代對海外貿易最大的國際港）、廣州、慶元（今浙江寧波）、上海、漆浦等地，設置「市舶司」，管理海外貿易，以驗查輸出、輸入，而取關稅十分之一，粗者十五分之一。輸入物品以胡椒、香料、珍珠、寶石、毛毯、鞍韉、珐瑯、波斯畫等爲主。輸出物品則以綢緞、生絲、織錦、磁器、漆等爲大宗。

元至元十五年（西元一二七八年），元廷又設「淮東宣慰司」於揚州，詔沿海官吏，通日本商船。惟鎌倉幕府往往利用商船，作間諜潛伏入元的工具，以探元軍虛實：例如日本於弘安之役（按爲元至元十八年，元軍第二次征日之役）以後，遣江南軍范文虎部之被俘士卒，隨日商船潛入，在中國沿海岸刺探軍情，於福建被捕，卽屬例證。如「觀竹林院左府記」說：「異國（指元政府）之事，近日其聞，候今年秋可襲來之由。」此卽日本所獲之情報，見諸日史者也，事在日本後宇多天皇弘安五年（元至元十九年，西元一二八二年）。

又如新附軍賈祐於同年九月內附，元廷始知日本已積極展開對元的情報戰。據「元史世祖本紀」說：「祐言爲日本國焦元帥婿，知江南造船，遣其來候動靜，軍馬壓境，願先降附。」可爲明證。

三　亦商亦盜的倭寇

日人來元除從事商業行爲外，亦間有趁機搶刧者，這種亦商亦盜的行徑，在元至元二十九年（日本伏見天皇正應五年、西元一二九二年），曾於浙江四明（寧波）發生。據「元史世祖本紀」說：「日本來互市，風壞三舟（按同年六月），惟一舟達慶元路。日本舟至四明求互市（按同年十月），舟中甲仗皆具，恐有異圖，詔立『都元帥府』，令哈賴帶將之，以防海盜。」所謂日人別有異圖者，不外指其趁機刼奪耳。

元至元三十一年（西元一二九四年），元世祖去世，皇孫成宗嗣位。此時日船往來海上不絕，為防「歲至倭船」，元廷於大德八年（西元一三〇四年）四月，置「千戶所」，戍定海，加强戒備。而日本鎌倉幕府，亦深懼元軍東征，乃命「太宰府」，築石砦於博多海濱，並增造兵船，以防元軍來襲。

元大德十年（日本後二條天皇德治元年、西元一三〇六年），日商有慶等，抵慶元貿易，以金鎧甲為獻。元成宗命「江浙行省平章」阿老瓦丁籌備之。

元大德十一年（日本後二條天皇德治二年、西元一三〇七年），日本商人與慶元路之官司衝突，焚掠城內，官衙寺院罹兵火者甚多（元史兵志），這是亦商亦盜的最顯明實例。浦江吳萊在「論倭」一文，指陳日商變盜的原因說：「嚮自慶元航海以來，艨艟數千，戈矛劍戟，莫不畢具。出其重量，公然貿易，卽不滿所欲，燔燒城廓，抄掠居民，其致變之故，有由『市舶司』官需索所致。」

「海鹽圖經」一書，亦有類似論述：「元末，寓公姚桐燾著書，謂近年市舶長吏，巡檄上下，求索百出，每番舶至，衆皆歡呼曰：『丞治廂稟家來矣』。昨年，番人憤之，至露刀相殺，市舶勾當死者三人，主者隱匿不敢聞。射利無厭，開釁海外。」

綜「論倭」與「海鹽圖經」所云，均以倭寇之釁，源於「市舶司」官索求所致也。

元末，日本嚴禁對外貿易，海上往來者，多屬以牟利為旨的奸貪小民，與遊兵散勇。日人悻於元軍東征之禍，山東濱海間或遭受其零星的騷擾，但不足言禍。迨日本內亂，分「南北朝」，盜賊蠭起，中國沿海地區，遂頻遭此輩亡命者之肆擾矣。

肆　大明帝國的誕生

一　明太祖的建國

朱元璋於元至正十六年（西元一三五六年），起義金陵，扼長江天險，據富庶之區，軍食兵源，補給充裕。復倡仁義，江南豪傑名賢，多來相就，獻替策畫。元璋才華蓋世，沈機觀變，次第經略，掃蕩群雄，一統中國。

元至正二十八年（西元一三六八年），元璋卽位應天（今南京），是爲明太祖，國號「大明」。明承元代版圖，其面積東起高麗，西接吐魯番，南至安南，北達大磧，東西一萬一千七百五十里，南北一萬零九百里。幅員雖不及元代的遼濶，但足與漢、唐相媲美。

二　明太祖的和平共存的外交政策

明太祖卽位之初，懲元代海外事業的勞而無功，故對日本及南洋諸國的開拓，不願輕率從事。玆値國家新立，特詔告日本、安南、占城、高麗諸國，廣示和平共存的外交政策。

明太祖的詔書說：「昔帝王之治天下，凡日月所照，無有遠邇，一視同仁，故中國奠安，四夷得所，非有意於臣服之也。自元政失綱，天下爭兵者，十有七年，四方遐裔，信好不通。朕肇基江左，掃群雄，定華夏，臣民擁戴，已主中國。建國號曰『大明』，建元『洪武』。頃者，克平元都，疆域大同，已承正統。方與遠邇相安於無事，以共享太平之福，惟爾四夷君長、酋帥等，遐邇未聞，故玆詔示，想宜知悉。」（皇明資治通鑑）

自明洪武二年（西元一三六九年）起，高麗、安南、占城、呂宋、琉球等國，先後響應明太祖號召，相繼來貢。吐魯番、帖木兒等國，亦繼之臣服歸藩，惟日本信使不至。

伍　倭寇初犯明疆太祖對日本的安撫

一　日本國情鳥瞰

倭寇來自日本，兹將日本國情撮要敍述，以供讀者參考。

日本自後鳥羽天皇文治二年（西元一一八六年），源賴朝以「征夷大將軍」，開府鎌倉起，朝廷名義雖仍存在，天皇及公卿固仍在位，但政治實權，則已轉移到「武士」首領的掌握之中。將軍自設幕府，統治全國，分封武士，實行所謂「新封建制度」，武家政治趨尖峰之發展，日史稱之「武家時代」。大將軍雖係世襲，但有實力的人，亦可憑藉其武力，取而代之。故自源氏開創幕府政治以降，其間戰亂相尋，治績甚少，要以奪取將軍職位，爲天下一大事。

自源賴朝死後，外戚北條時賴繼掌大權，政以賄成。至北條時宗執政，日本遭遇歷史上的空前國難——元軍東征，雖因颱風猝起，元軍兩次覆海而潰，日本幸免亡國悲劇，但鎌倉幕府却因抵抗元軍，以致民窮財困，終致動搖。

十四世紀初葉，北條高時執政，沈湎酒色，不理政務。後醍醐天皇嘉歷元年（西元一三二六年），北條高時退隱，「內管領」（協助幕府執政，乃北條氏家政機關）長崎氏專權，政治腐敗，人心全失。陸奥有安藤氏之亂，武士始有叛離北條氏者。

日本九十六代天皇的後醍醐，爲欲打破長時期的皇位遞立制，實行親政，恢復「皇家政治」，於是趁武士叛離北條氏之際，下詔倒幕，各地軍隊，紛起勤王，遂於元弘三年（西元一三三三年）五月，攻陷鎌倉。鎌倉幕府自源賴朝開府一百五十年後，於焉推翻。

後醍醐天皇收回王政，親裁萬機，王室呈中興氣象，日史稱爲「建武中興」。惟「公家」（朝廷）與「武家」（幕府）之利害關係，根本對立，又以大亂之後，人心未定，而京師之政務，又復多改舊觀，更弦易轍，大事更張。加之，朝廷修建大內，徵課「守護」（職司警察，戰時統率御家人，以臨戰陣，平時捕盜，漸而掌握國內之行政權）、「地頭」（稅務）倉邑二十分之一。繼以增加通貨，又造交鈔病民。日廷臣僚異時爲武士所輕侮者，至是競驅役武士。武士效力於復興者，多不得賞，群趨闕下，有司不能甄別，月餘乃定十餘人。而內敕已以北條氏邑，分給妃藤原氏，及皇子護良等，其餘悉賜京官、內臣、歌童、舞伎，六十餘州分封無遺。甚至朝議內旨，亦相互抵觸，往往數人同爭一邑，許食邑如故者，旋被沒收，故時論有以「綸旨翻覆」一語諷之。諸武士私相語謂：「如是而不止，吾輩皆爲奴虜矣。」而欲擁戴一將，執掌全國大權。

當後醍醐天皇下詔討幕，號召勤王之際，有北條氏部將足利尊氏者，即舉兵應召，其動機即在代北條氏樹立武家政權。適建武新政失敗，遂起而反叛，受光嚴院之旨，爲奉持光明院統之名義而戰。

日本延元元年（西元一三三六年），足利尊氏攻陷平安（西京），自稱「征夷大將軍」，營幕府於二條高倉第，後醍醐避往叡山，中興政府不三年而告失墜。尊氏立光嚴院之弟豐仁爲帝，是爲光明院。時人有謂：「王無一戰之功，而受帝位。」嗣後醍醐應尊氏之請，返京師，傳神器於豐仁（神器乃僞造）之後，即乘夜逃至南部的吉野，至此吉野與平安分裂。吉野之日廷稱「南朝」，京都（平安）之日廷稱「北朝」。南北二朝，形成對峙之勢，日史稱爲「南北朝時代」。島國分崩，僨軍之將，亡命海上，淪爲盜賊。

二　倭寇沿海釁事太祖對日交涉

明太祖於西元一三六八年即位，正當日本「南北朝」中期，據浙江自雄的方國珍、張士誠相繼爲明太祖誅服，其部衆多爲浙濱土著，以首領被誅，無棲身之所，遂鋌而走險，相率入海，糾合日本亡命遊勇，趁間剽刧中國濱海之地。

明洪武二年（日本長慶天皇正平二十三年、西元一三六九年）一月，倭寇山東濱海郡縣（明史太祖本紀）。明太祖以倭寇來自日本，乃於同年三月，遣「行人」楊載赴日，詰以「入寇之故」。

明太祖的詔書說：「上帝好生，而惡不仁。我中國自辛卯（按元順帝至正十一年、西元一三五一年，群雄紛起驅元之年）以來，中原擾攘，爾時來寇山東，乘元衰耳。朕本中國舊家，恥前王之辱，師旅掃蕩，垂二十年，遂膺正統。

間者，山東來奏：『倭寇數寇海濱，生離人妻子，損害物命。』故修書特報，兼諭越海之由。詔書到日，臣則奉表來庭，不則修兵自固。如必爲寇，朕當命舟師揚帆，捕絕島徒，直抵王都，生縛而還，用代天道，以伐不仁，惟王圖之。」（日本國志）

楊載一行於九州的博多登陸，博多是南朝「征西府」的所在地，此時南朝有力之武將，如新田義貞、北畠顯家、北畠親房等，死亡殆盡，南朝形勢日惡，僅餘九州之菊池氏與懷良（明史日本傳作良懷）親王，負隅以抗北朝。

懷良親王得書怒，殺同來者五人，拘載及吳文華二人，三閱月，旋釋之（修史爲徵一大明皇帝書）。

同年四月，倭寇出沒海島中，自山東數掠蘇州、崇明，殺掠居民，刼奪財物，瀕海之地皆患之。「太倉衞指揮僉事」翁德帥官軍，出海捕之，遇賊於海門之上幫，及其未陣，揮兵衝擊，斬獲不可勝計，生擒數百人，及其兵器、海艘。明太祖以德功，擢「指揮副使」，仍命領兵往捕未盡倭寇。其他有功將校，亦有白金、紗綺賞賜。此爲明太祖卽位以來，首次剿倭之捷（參考明書）。

同年八月，倭寇淮安，吳祐擊敗之（明書）。

明太祖以濱海寇警時傳，除嚴令剿擊，復於明洪武三年（日本長慶天皇建德元年、西元一三七〇年）三月，另遣萊州府（山東掖縣）「同知」趙秩赴日交涉。

明太祖的詔書，首以聲威慴之說：「朕荷上天祖宗之佑，百神效靈，諸將用命，救海內之群雄，復前代之疆宇，卽皇帝位，已三年矣。此嘗遣使持書，飛諭四夷、高麗、安南、占城、爪哇稱臣入貢。既而，西域諸番，各獻良馬來朝，俯伏聽命。北夷遠遁沙漠，將及萬里，特遣大將軍率馬步八十萬，出塞追獲，殲厥渠魁，大統已定。」繼以倭寇騷亂，指責日本說：「蠢爾倭夷，出沒海濱爲寇，已嘗遣問（按指楊載使日事），久而不達。方將整飭巨舟，致罰爾邦。」旋又自解說：「俄聞被寇者來歸，始知前日之寇，非王之意，乃命有司停造舟之役。」可見明太祖對日，意在安撫。但惟恐日本政府不願就範，再施恫嚇說：「然或外邦小夷，故逆天道，不自安分，神人共怒，天理難容，征討之師，控弦以待，果能革心順命，共保承平，不亦美乎！」（引用文字見日本國志）

趙秩渡海經析木崖，抵博多，晉見懷良親王，「諭以中國威德」。懷良親王答謂：「吾國雖處扶桑東，未嘗不慕中國，惟蒙古與我等夷，乃欲臣妾我，我先王不服，乃使其臣趙姓者訹我以好語，語未既，水軍十萬列海岸矣（按指元世祖遣秘書監趙良弼使日事，繼有元軍東征之役）。以天之靈，雷霆波濤，一時軍盡覆。今新天子帝中夏，天使亦趙姓，豈蒙古裔耶？亦將以好語訹我，而襲我也。」可見元軍東征，對日人創痛之深，餘悸猶存也。

懷良親王語畢，以目視左右，欲不利趙秩，秩神色自若，不爲所動，從容解釋說：「我大明天子神聖文武，非蒙古比，我亦非蒙古使者後，能兵，兵我。」懷良至此，方信蒙古已亡，對元人之宿恨，所生之誤會，隨而消釋，遂禮遇趙秩（參考明史日本傳）。

同年六月，倭寇續在山東、浙江、福建濱海郡縣肆擾。此時趙秩在日未返，明太祖迫不及待，再遣楊載至日交涉，並送還所捕日本海盜及僧侶十五人。據「修史爲徵一大明皇帝書」說：「太祖以所獲之人，犯情深重，揆諸法律，罪在不容，緣係日本所部，故不欲便在殺戮，如不施以刑，又無以示其懲戒，是用刑其肢體，遣人送還。」

懷良既知中國改朝易代，又感明太祖送還刑餘，故於翌年，遣使通好。

三　日本南朝的貢明

「征西將軍」懷良親王，於日本長慶天皇建德二年（明洪武四年、西元一三七一年），特遣僧祖來使明，奉表稱臣，獻貢馬、方物，並送還明州（浙江鄞縣）、臺州（浙江臨海縣）二郡被掠人口七十餘人（參考明史）。據「通鑑明紀」說：「是年（明洪武四年）六月，倭寇山東，轉掠溫（州）、臺（州）、明（州）旁海民。」故日本所送還之中國被掠人口，當係同年六月被其擄獲者也。祖來一行，於同年十月（明書）抵應天，明太祖大喜，賜宴款待，並回贈禮物；文綺紗羅，及「大統曆」。

當祖來返國，明太祖因知日人佞佛，乃遣仲猷、祖闡、無逸、克勤等，對佛學有精湛造詣之高僧，偕往日本報聘。此爲元軍東征之後，中、日停頓已久的國交重告恢復。不過，懷良所代表者，乃日本南朝政權耳。

四　日本北朝的貢明

明僧祖闡等抵達九州博多，擬往京都朝見北朝持明天皇，致觸懷良之怒，加之，明廷頒賜「大統曆」，有以日本改奉明朔之意。因之，懷良遂將祖闡等，「拘而不遣」，留置筑紫經年。中、日締交方始，又生裂痕。

祖闡被拘筑紫，深以未能達成使命爲憾，特致書「日本延曆寺」座主，申述此行目的說：「我皇帝凡數命使於日本，關西王（按指懷良）皆自納之，然意在見其天皇。今密遣吾二僧來上諭曰：『王國之民，寇我邊疆，商賈不通，宜剿賊修好，以循唐、宋故事。』吾持佛戒，而爲帝使者，卽爲佛使，幸遵我佛不妄，不盜之戒，爲此意。」（日本國志）。蓋南朝使者祖來至明，明太祖始知數與往還之懷良，並非日本國王，而京都尙有持明天皇，崇尙佛法，故明太祖命祖闡使日，主要目的，在與北朝結以佛緣，擬借佛教力量，促使日本禁戢倭寇入掠也。此時日本南朝之衰勢，日益顯著，全國幾屬北朝之足利氏矣。

祖闡於日本長慶天皇文中二年（明洪武六年、西元一三七三年），因得前入明禪修的日僧椿庭海壽之介，北朝「征夷大將軍」足利義滿，乃召之前往京都。此時懷良已自博多，移節肥後的菊池，未加留難（參考日本國志）。

祖闡抵京都，入嵯峨之向陽院，聚徒演法，人頗敬重，滯留凡二閱月（花營三代記）。惟其於歸國時，復至征西府，懷良惡之，又加拘留。直至日本文中三年（明洪武七年、西元一三七四年）五月，始再釋回（參考日本國志）。故祖闡一行，先後爲懷良拘留二次，有謂祖闡先至北朝，後至南朝征西府爲懷良所拘，考之史籍不符。

北朝足利義滿因祖闡京都之行，反應良好，於是繼步南朝之後，在日本長慶天皇天授元年（明洪武八年、西元一三七五年），遣僧中津妙佐使明。

筆者附帶說明日本南北朝時期，日史所以用南朝天皇年號紀元的原因，實乃日人視南朝爲正統。當南北朝分裂之初，南朝名將北畠親房居常陸，曾著「神皇正統記」，而以南朝爲正統。上述北朝遣使紀年，日史即以南朝長慶天授元年記之，實則北朝此時之天皇爲持明也。

足利義滿遣使入貢，明太祖以無日皇之命，且不奉正朔，却之。此時足利義滿聲威正隆，總攬北朝軍政大權，天皇僅屬備位而已，故義滿遣使上表，未假持明天皇名義。明太祖昧於日本國情，致有却貢之舉。

繼而日本「別島守臣」（即大隅守護）大內氏久（即島津氏久）亦遣僧上表來貢，明太祖亦一概却之。

陸　倭寇歲時侵掠明建多櫓快船驅敵

中、日兩國邦交，雖漸改善，但倭寇在中國沿海的肆掠，則未少戢。如明洪武五年（日本長慶天皇文中元年、西元一三七二年），倭寇在浙江的海鹽、澉浦、及福建濱海一帶騷擾；以及明洪武六年（日本長慶天皇文中二年、西元一三七三年），在山東登萊（山東蓬萊）的剽刼。雖然在同年八月，「福州衛指揮同知」張赫，當倭寇侵犯福寧（福建霞浦）時，追擊於琉球大洋，小有斬獲，但不能息其鋒。

明太祖以濱海頻遭倭寇之患，乃於明洪武六年，任命於顯爲「總兵官」，專責勦倭。此時「德慶侯」廖永忠，總督舟師，巡邏海上。他以「多櫓快船」，時速迅捷，利於制敵，特上書明太祖，建議增造。他說：「倭寇俯伏海島，時因風便，以肆侵掠，來於奔狼，去若驚鳥。臣請令廣洋、江陰、橫海、水軍四衛，添造多櫓快船，令將領之。無事，則沿海巡徼，以備不虞，倭來，則大船薄之，快船逐之，彼欲爲內寇，不可得也。」（憲章類編）

明太祖納廖永忠之議，於同年八月，令造船禦倭（明書）。

柒　明初對日貿易

一　太祖的貿易政策

明太祖卽位，卽注意國內市易，增加國家歲入，以改善國民經濟生活。所以他在明洪武元年（西元一三六八年），下令京師與府州各城的「兵馬司」，並管市易。二日一次的校勘街市斛斗秤尺，並依時估定價格，使不致造成「虧官損民」的現象。同時更規定各司府州縣，所頒行的斛斗秤尺，必須依照「中書省」制定的「鐵升」製造，使天下的度量衡，趨於一律。

至對外貿易，最使人注目的，是「市舶司」的設立（其後有馬市、茶市、木市的設置），其動機無非在藉貿易的方式，以遂其馭邊的目的。明太祖時代如此，自明成祖以降，明代歷朝帝王，均一本此原則，藉對外貿易的經濟政策，達成其馭邊的政治目的。觀此可知明代的貿易政策，是經濟與政治二者相互爲用，相互並重的。

二　市舶司的設立與對日貿易

明太祖開國之初，卽廣示海外，倡議和平共存，海外各國遣使通好，絡繹於途。此時來明的使節，不僅身負外交任務，且兼負商務使命。由於海陸交通暢開，各國商人亦踵使節後塵，陸續來明貿易。

明廷鑒於事實需要，乃設「提擧官」主持通商事務，於明洪武七年（西元一三七四年），在太倉黃渡成立「市舶司」，惟不久停頓。繼於寧波、泉州、廣州設立三「市舶司」，指定「寧波市舶司」，專掌對日貿易。（「泉州市舶司」掌理對琉球貿易。「廣州市舶司」掌理對占城、暹邏，及西洋諸國貿易。）

當時各國貨物入口，政府抽六分，給價償之，始免去納稅，制馭之權在官。「禮部」三令五申嚴禁濱海居民私與外人交易，違者，繩之以法。然而，利之所在，雖禁而不能絕。尤以日人貪圖互市之利，每貢，或假名入貢，所攜私貨，恒逾貢物數十倍，私與中國濱海之民，暗中交易，明廷雖懸爲厲禁，但道高一尺，魔高一丈，未嘗少戢。明嘉靖中葉，倭寇之猖獗成患，遠在明初已預伏禍根矣。

明廷雖設「寧波市舶司」，主持對日貿易，惟以倭寇歲時來犯，且日本政府態度，亦甚曖昧，故而特別規定日本十年通市一次，以爲限制焉。

捌「當年徐福求仙藥，直至如今更不歸。」

一　日僧來明潛修禪學

有明三百年間，中、日兩國外交關係，雖善惡無常，時續時絕，但日僧來明潛修禪學（禪宗），則從未因兩國關係的變化，而有所間斷。

「禪宗」屬大乘，根據直指本心，見性成佛之旨，為印度摩訶迦葉所創，馬鳴等傳之。在中國「南北朝」時，達摩入北魏，始立此宗。

日僧來明禪修，久居中國叢林古剎之中，經歷中國式的僧侶生活。返國之時，攜帶名緇、大儒的頂相贊、塔銘、行實、語錄，以及詩文集刊的序跋。由於他們對禪學的熱心傳播，遂使日本禪學內容日趨豐富。

日僧中，來明最早，才華最著的，首推絕海中津。他在日本長慶天皇正平二十三年（明洪武元年、西元一三六八年）入明（參考空華日工集），擅於詩，與竹菴渭、浦菴復等以詩交、馳譽士林。

二　太祖以徐福遺事詢諸絕海中津

明太祖因慕絕海中津文名，雖當「北虜南倭」南北交擾，軍書旁午之際，召見中津於英武樓上，並詢以徐福在日本熊野遺事（按熊野附近有地稱「秦住」，土人相傳爲徐福故居之地。距「秦住」約七里之遙的蓬萊山，有徐福祠，其間古蹟參差，傳爲徐福家臣之塚。詳見拙著中日關係史）。

絕海中津卽席賦詩以答：「熊野峯前徐福祠，滿山藥草雨餘肥。只今海上波濤穩，萬里好風須早歸。」

明太祖好整以暇，亦賦詩和之：「熊野峰前徐福祠，松根琥珀亦應肥。當年徐福求仙藥，直至如今更不歸。」（詩見大日本史講座）。明太祖詩中明言徐福至日，尋求仙藥不歸事矣。

絕海中津留明約十一載，至明洪武十一年（日本長慶天皇天授四年、西元一三七八年）始偕汝霖良佐歸日（參考佛智廣照國師年譜）。

玖　日使百金難求宋濂一文

一　明代開國第一文臣宋濂

宋濂籍隸浙江金華，與「誠意伯」劉基同爲有明一代的文宗。劉基嘗與明太祖論文，有「宋濂第一，其次臣不敢多讓」之語。而當日的碑誌銘，亦推他爲開國第一文臣。當代文士之必以宋濂爲領袖，可無疑也。海外諸國貢使來明，必問「宋先生安否？」其聲譽之隆，可以想見。

二　宋濂之文非其人不與

宋濂爲人狷介，四方求文者，非其人不與。日本使臣嘗奉敕請文，以百金爲潤資，宋濂却而不與。明太祖問故，宋濂答謂：「天朝侍從而受小夷金，非所以崇國體也。」學人傲骨，一至於此。

有日僧汝霖良佐者，偕絕海中津，於明洪武元年（西元一三六八年），來明禪修，擅長詩文。宋濂見其文稿，贊賞不已，而有「跋日本僧汝霖文稿後」之作。是則宋濂之文，非其人不與，可知也。

拾　倭寇四擾太祖怒斥日本縱民爲非

一　太祖對日本的申斥

倭寇歲時干擾，沿海不靖，明太祖對日本政府未能遏制亂民入寇，已有慍意。又因南朝拘留明使祖闡，以及「越分私貢」（按指大隅守護島津氏久遣使來貢），更加不滿。

明洪武九年（日本長慶天皇天授二年、西元一三七六年）四月，日本南朝懷良親王遣僧廷用文圭來明，貢方物，且謝罪（圖書編日本國考），惟太祖惡其表不誠，特書斥之說：

「蠢爾東夷，君臣非道，四擾鄰邦。前年，浮海入貢，朕以夷人來否眞實，非疑其然，而往問，果較勝負於必然，實構隙於妄誕，於戲！渺居滄溟，罔知帝賜奇甸，傲慢不恭，縱民爲非，將必殃乎！」（高皇帝御製文集）。

惟倭寇頻年肆掠如故，明太祖繼於明洪武十四年（日本長慶天皇弘和元年、西元一三八一年），復令「禮部」行文日本，責其縱民爲盜。「禮部」的咨文說：

「禮部尙書致意專達日本國王：嗚呼！王罔知上帝賜奇甸於滄溟之中，命世傳而福黔黎，不守己分，但知環海爲險，巖頭石角爲奇，妄自尊大，肆侮鄰邦，縱民爲盜，帝將假手於人，禍有日矣。

「吾奉至尊之命，移文與王，王若不審巨微，效井底鳴蛙，仰井觀天，無乃構隙之源乎？恐王大略涉歷古書，不能詳細，特將日本與中國通往禮物，及前貪商之假辭如王之國（按日使來明，史書所載不一。『高皇帝御製文集』有謂其來者，貪商假名之徒不少。蓋明代對日使來貢，無不厚往而薄來。因之，日人貪利之徒，假名爲使，從中牟利者甚夥。），至日可細目。

「日本之盛大也，且日本之稱，有自來矣；始號曰『倭』，後惡名，遂改『日本』。其通使中國，上古勿論，自漢、魏、晉、宋、梁、隋、唐、宋之朝，皆遣使表貢方物、生口。當時帝王，或授以職，或爵以王，或睦以親，由彼歸慕意誠，故報禮厚也。若叛服不常，構隙中國，則必受兵，如吳大帝、晉慕容瘣、元世祖皆遣兵往伐，俘獲男女以歸。千百年間，往事可鑒，王其審之。」（高皇帝御製文集）。

明太祖對於倭寇，自始即持「剿撫兼施」戰略。所謂「撫」，不外利用外交途徑，說服日本，以其國家武力，就地遏制海盜，以杜亂源，惟無成效。故遞以武力恫嚇，使之就範，但仍難如願。究其原因，此時日本雖南北分裂，惟民族意識，由於時代潮流所趨使，已漸濃厚，更因武人專政，自尊心强烈，不輕率臣事於人（足到義滿的馴服，有其經濟目的。）而日本政府亦無縱民爲寇的事實證據。此時所謂倭寇，乃戰敗士卒流亡海上，結夥爲盜的烏合之衆，與不甘地方官吏壓榨，挺而落寇的窮苦百姓（日本影片「炎城」，有此鏡頭）。且正當此際，日本南北二朝互爭，自顧尚且不暇，以「天朝」之尊的中國，尚不能制服倭寇，日本又何來餘力，以助中國淸除？明太祖不明實情，歸咎日本政府，無怪引起嚴重的抗議。

二　日本對太祖的抗議

明洪武朝「禮部」咨文，送達日本菊池的「征西府」，懷良親王閱罷不悅，擱置不報吉野日廷。旋即遣僧如瑤至明，上表答辯，措詞强硬，其態度之倔强，爲漢、唐以降所鮮見。

懷良親王抗議說：「臣聞三皇立極，五帝禪宗，惟中華之有主，豈夷狄而無君。乾坤浩蕩，非一主之獨權，宇宙寬洪，作諸邦以分守。蓋天下者，乃天下人之天下，非一人之天下也。臣居遠弱之倭，褊小之國，城池不滿六十，封疆不足三千，尚存知足之心，陛下作中華之主，爲萬乘之君，城池數千餘，封疆百萬里，猶有不足之心，常起滅絕之意。

「夫天發殺機，移星換宿，地發殺機，龍蛇走陸，人發殺機，天地反覆。昔堯舜有德，四海來賓。湯武施仁，八方奉貢。臣聞天朝有興戰之策，小邦亦有禦敵之圖；論文有孔孟道德之文章，論武有孫武韜略之兵法。又聞陛下選股肱之將，起精銳之師，來侵臣境，水澤之地，山海之洲，自有其備，豈肯跪途而奉之乎？順之未必生，逆之未必死，相逢賀蘭山前，聊以博戲，臣何懼哉！倘君勝臣負，且滿上國之意，設臣勝君之負，反作小邦之羞。自古講利爲上，罷戰爲强，免生靈之塗炭，極黎庶之艱辛。特遣使臣敬叩丹陛，惟上國圖之。」（明史日本傳）。

明太祖得懷良表，憤極，擬遣師討伐，「曹國公」李文忠（明太祖外甥）則再四力諫不可。明太祖亦懲於元師東征，潰亡之戒心，遂息其議。

日使如瑤此次來明，曾率兵卒四百餘人，藏火藥刀劍於巨燭中，擬於晉見明太祖時，圖謀不軌，此事與明「丞相」胡惟庸叛國案有關，請參考「明丞相胡惟庸通日叛國」一文。

拾壹　信國公湯和沿海設衛

一　太祖勤求禦倭方策

濱海郡縣，倭寇橫行無已，尤是浙境受害較重，如明洪武十六年（日本後龜山天皇弘和三年、西元一三八三年），金鄉、平陽兩地的慘遭倭寇屠刼，即爲例證。

明太祖爲求禦倭對策，多方訪求嫻知海事者，以備諮詢。有方鳴謙者，乃國珍從子，世居浙邊，爲濱海土著。明太祖聞其名，特召之京師，質以制倭之策。鳴謙對曰：「倭海上來，則海上禦之耳。請量地遠近，置衞所，陸聚兵，水具戰艦，錯置其間，俾倭不得入，入亦不得傅岸，則可制矣。」明太祖聞而悅之，繼詢：「安所得戍卒？」鳴謙答謂：「兵興以來，民甚畏卒，而慕爲之，若四丁籍一，以一爲兵，民固無所苦也。」明太祖欣納其議（參考通鑑明紀）。

二　「成遠算者不恤近怨」湯和沿海築衞

明太祖因採方鳴謙禦倭方策，即於明洪武十七年（西元一三八四年）春，下詔致仕居鳳陽的「信國公」湯和，畀予沿海築衞的任務。明太祖對湯和說：「日本小夷，屢擾東南海上，卿雖老，强爲朕行視要地，築城防賊。」湯和遂請與鳴謙偕往，以資策畫。

湯和在山東、江南北、浙東西濱海一帶，查勘地形，築衞城五十九，選丁壯三萬五千人施工。盡發州縣錢，及籍罪人資給役。役夫往往過望，而民不能無擾，浙人頗苦之。左右以民間怨言告和，和深不爲然。他說：「成遠算者，不恤近怨。任大事者，不顧細謹。」（此語允爲當政者之座右銘）

湯和爲貫徹衞所工程，順利完成，不惜採用重典。他說：「復有讟者，齒吾劍。」由於他的堅毅意志，與勇於任事的精神，結果沿海五十九所城衞，終於翌年（明洪武十八年、西元一三八五年）先後竣工。

湯和復置「行都司」，守備沿海各地。爲激勵將士效命，他更稽軍次，定考格，立賞令。爲求衞所兵額，他又規定民戶四丁以上者，以一爲戍卒，計得五萬八千七百餘人，分戍諸衞，海防因而大飭。

由於湯和沿海築衞，加強海防實力，故終明洪武一朝，倭寇之未成大患者，湯和之功實不可沒。老成遠慮，使人深長思之。（引用文字見明史紀事本末。吾學篇。湯和傳）

拾貳　明丞相胡惟庸通日叛國

明太祖是國史上的賢明君主，也是國史上的大獨裁者。政尚嚴峻，功臣少全。胡惟庸通敵叛國一案，罪固必誅，惟誅連三萬餘人，而間接致死者，尚不知凡幾。誅戮之重，牽連之廣，亦爲國史所少見。明太祖此舉，旨在肅清異己，確保其一姓江山而已。

一　胡惟庸平步青雲

胡惟庸因攀附代開國功臣李善長，遂而青雲大展，扶搖直上。當善長綜理「中書省」政務，惟庸僅是「寧國縣令」，惟其以同鄉之誼，奔走善長門下，與之厚結。後因善長援引，得擢「太常卿」，累遷「中書參政」，從而大顯。惟庸又以兄女妻善長之從子佑，結成通家之好，爲其政治倚援。當善長年老退休，明太祖屬意惟庸拜相，此固善長之力也。

二　誠意伯對胡惟庸的批評

劉基是明代開國的大功臣，輔弼明太祖，掃蕩群雄，擘畫周詳，出力最多。明太祖正位後，封基爲「誠意伯」。「池北偶談」稱譽劉基爲「謀臣之首」。他在開國功臣之中，數得上是「功隱而鉅」。明太祖對他推心置腹，以「老先生」，或吾「子房」稱之。劉基爲文，氣昌而奇，尤擅詩，推爲「

越派之首」，與宋濂並爲有明一代的文宗。

明太祖有意以相位畀惟庸，劉基深不爲然。他說：「小犢耳，將僨轅而破犂。」未久，「忠誠伯」汪廣洋以「右丞相」參政，惟庸旋與共相。劉基慨然嘆曰：「使吾言不驗，蒼生之福，言而驗者，其如蒼生何！」此時劉基年邁多病，至是憂憤增疾。明洪武八年（西元一三七五年），惟庸乃陽爲好者，挾醫來視，基飲其藥，如有物積腹中，遂篤。明太祖聞基病沈，使人護送返浙江青田故里，月餘死。惟庸以政敵已除，躊躇滿志矣。

三　瑞應乎！惡兆乎

廣洋繼善長掌理「中書政令」，耽杯中物，浮沈守位，一無作爲，大權遂旁落惟庸之手，所爲漸不法。某日，惟庸之定遠故居井中，忽出竹筍，出水高數尺，諛者爭言爲「瑞應」。又言惟庸之祖父塚上，夜有光燭天，傳聞及庸，竟以天命所歸，益自負，遂生異謀矣。

四　胡惟庸的謀叛

明洪武十二年（西元一三七九年），「御史中丞」涂節言劉基遇毒事，廣洋宜知狀。明太祖問之，廣洋答「無有」，明太祖怒，賜廣洋死。惟庸遂攬「中書」政務，專生殺黜陟，擅恣威福，貪賄弄權，益無忌憚。內外諸司，封事入奏，惟庸先取檢視，有不利己者，匿而不報。勢利之徒，以惟庸權傾當朝，競走門下，甘爲驅使矣。

惟庸既萌篡奪野心，因是秘密部署，陰植黨羽。已而，「吉安侯」陸仲亨、「平涼侯」費聚，均因事獲罪，惟庸乘人之危，威脅利誘，令密收兵馬。又復嗾使李存義遊說乃兄善長，善長已老，不能强拒，依違其間。惟庸更謀外力援助；一則遣派元故臣封績，遠至塞外，稱臣於元（按此時蒙古盤據塞外，以抗明軍），請求援兵。一則厚結「寧波衞指揮」林賢，佯稱賢罪，謫往日本，令交通其君臣，派兵來援。寧波爲日海上交通的樞紐，占地利之便，日軍來援，內應外合，有利於軍事行動也。明年（明洪武十三年、西元一三八〇年）十二月，惟庸部署既定，乃「奏復賢職，遣使召之，密致書其王，借兵助己。」（明史日本傳）。觀此可知惟庸計畫叛亂的周密，與其用心之深也。

五　胡惟庸的被誅

惟庸正待日本與蒙古援兵之際，恰巧其子馳馬於市，撞車墜馬傷亡，惟庸殺輓車者。明太祖得報，甚怒，命償其死，惟庸請以金帛給其家，不許，惟庸懼，乃與「御史大夫」陳寧等謀起事。適明太祖因事益咎惟庸，故欲變而未敢卽發。「御史中丞」涂節探悉惟庸有變，先上變告，明太祖令廷臣會審，處以極刑。惟念李善長有佐命之功，釋而不問。此明洪武十四年（西元一三八一年）一月事也。此時篡奪之事，未盡暴露，故明太祖尚未誅戮牽連耳。

六　日本援兵姍姍來遲

林賢在日，未悉惟庸伏法，當明洪武十四年（日本長慶天皇弘和元年、西元一三八一年），其自日本歸國，懷良親王曾遣僧如瑤率兵卒四百餘人，隨同來明，詐稱入貢，且獻巨燭，藏火藥刀劍於其中。既至，得悉惟庸事敗，如瑤未敢輕擧，遂上懷良表（見前）。

七　胡案敗露太祖任刑誅連

胡案於明洪武二十年（西元一三八七年），眞相始敗露，明太祖抄斬林賢家族。未幾，明之驍將藍玉征沙漠，獲封績，善長不以奏。後事發，捕績下獄，訊得其狀，逆謀益大著。善長家奴盧仲謙，控善長與惟庸往來，而陸仲亨家奴，亦首告仲亨、費聚等，與惟庸之謀。明太祖震怒之餘，一意肅清胡黨，詞所連及，被誅者達三萬人。李善長、陸仲亨、費聚等，雖位列侯爵，亦無倖免。明太祖更製「昭示奸黨錄」，烱戒國人。胡案因株連蔓引，迄數年未靖。

八　明代政制的變革

由於胡案敗露，明代政治制度，亦有顯著的改變。明初，以「中書省」總理國家政務，設「左右丞相」掌理之。而惟庸以「丞相」叛國，明太祖深受刺激，有感「丞相」位尊權重，君權旁落，易生事端，故罷置「中書省」，廢「丞相」。中央政務分隸；吏、戶、禮、兵、刑、工六部，分別掌理，各部領以「尚書」，副以「侍郎」，而集大權於君主，總攬國家政治實權，於是極端君主專制政體，於焉產生。

拾叁　日本支援胡惟庸叛亂太祖怒絕日本貢使

一　太祖摒絕日本來貢與整飭海防

明洪武二十年（西元一三八七年），胡案敗露，明太祖憤日本支援惟庸，伏兵市舶，極爲震怒，自此摒絕日本來貢。並積極整飭海防，以防倭寇趁機蠢動。先後在浙江設置定海、磐石、金鄉、海門、臨山「五衞」，及三山、瀝海、三江等「千戶所」。復置金山衞於松江的小官場，及青村、南滙、嘴城等二千戶所。繼命重兵駐屯平陽、三江、龍山、霩衢、大松、錢倉、新河、松門等地，加强警戒。

同年，明太祖又命「江夏侯」周德興，前往福建濱海衞所巡視，將福州、興化（今莆田）、漳州（今龍溪）、泉州（今晉江）四郡衞所城之不當要害者，均移置之。築城十六，增「巡檢司」四十五，民戶三丁取一，得一萬五千餘人，充戍卒（參考通鑑明紀）。德興又「按籍檢驗，得民兵十萬餘人。」（明史周德興傳），海防實力，因而大增。

明洪武二十一年（西元一三八八年），明太祖繼命「信國公」湯和巡視福建、廣東沿海形勢。又增設福寧、鎭東、平海、永寧、鎭海「五指揮司」，統率二十千戶所。

同年，明太祖採納「山東都指揮司」周彥建議，在寧海衞新建「五總寨」，在萊州衞在萊衞增建「八總寨」，共轄四十八小寨。

由於明太祖的增置衞、所、水寨，於是中國濱海的山東、浙江、江蘇、福建、廣東等地海防，日益鞏固。

二　太祖著祖訓日本爲不庭之國

明太祖對日本閉關絕貢，旨在「示弗復通」。繼而著祖訓，列日本爲十五不庭國之一，昭示子孫。其痛恨日本之情，可以想見。因之中、日兩國徒具形式的邦交，從而中斷。惟終明太祖之世，因海防實力強大，海上尚稱平靖。

拾肆　惠帝秉國日本的親明

明太祖即位之初，立子標爲皇儲，標早亡，繼立標子允炆爲皇太孫。明洪武三十一年（西元一三九八年），明太祖去世，允炆嗣位，是爲惠帝（建文帝），年號「建文」，寬厚愛民。

一　日本來朝

日本北朝，在足利尊氏之孫義滿攬權時期，刷新政治，實力大增，南朝衰勢日顯，漸感不支。而當時有力之「大名」（諸侯），因一族之爭，離合無常，且南北兩朝，亦無清晰界限，隨地皆有擁護兩朝之武士。人民苦於頻年戰亂，渴望和平。南朝後龜山天皇亦因國勢轉劣，決意與北朝謀和。日本元中九年（日本後龜山天皇年號。明洪武二十五年、西元一三九二年），南北議和成立，北朝兼併南朝。自是日本自後醍醐天皇延元元年（西元一三三六年），南北分裂五十七年的政治局勢，重歸統一。「南北朝時代」，至此結束。

足利義滿開府於京都室町，稱爲「室町幕府」。將軍掌握實權，另設「管領」參預國家大政。軍事與警察之權，則由「侍所」主之。幕府組織漸趨完備，幕威大振。足利義滿以「將軍」名義，號令全國，天皇名存實亡，幕府政治，始名實相符。地方諸國設「守護」，鎌倉設「管領」，博多設九州

「探題」，奧羽設奧羽「探題」，管理地方行政。

義滿承南北朝長期紛亂之後，且性喜奢華，開府以來，大興土木，尤以金閣寺工程最為浩大（日本京都名勝之一），國用浩繁，而財政困難。基於經濟目的，義滿有意恢復對明貿易，藉以平衡其國家財政收支。據「善鄰國寶記」（為日本外交文獻）說：「應永（按後小松天皇年號）八年（明惠帝建文三年、西元一四〇一年），有筑紫商人肥富者，自明歸，說將軍義滿，以兩國通商之利，義滿納之。」於是義滿即以肥富與祖阿為正副使，入明朝賀，並獻方物，以表親善之忱。

義滿上惠帝國書說：「日本國王准三后某（按即足利義滿）上書大明皇帝陛下：日本國開闢以來，無不通聘問於上邦。某幸秉國鈞，海內無虞，特遵往古之國法，而使肥富相副祖阿通好，獻方物；金千兩、馬十匹、薄樣千帖、扇百本、屏風三雙、鎧一領、筒丸一領、劍十腰、刀一柄、硯筥一合、同文臺一個。搜尋海島泊寄者幾許人，還之焉。某誠惶誠恐，頓首頓首謹言。」（善鄰國寶記）。自明洪武二十年（西元一三八七年），明太祖閉關絕貢十四年後，日本首次遣使入明通好。

二　日本同仇敵愾惠帝獎譽備至

日使來貢，明惠帝大喜，當明建文四年（日本後小松天皇應永九年、西元一四〇二年），肥富返國時，明惠帝效法明太祖遺規，遣禪僧道彝、教僧一如等，偕往日本答聘。

明惠帝致義滿的詔書說：「朕自嗣大位，四夷君長朝獻者，以十百計，苟非戾於大義，皆思以禮撫之。咨爾日本國王源道義（按卽足利義滿），心存王室，懷愛國之誠，踰越波濤，遣使來貢，歸逋流人，貢寶刀、駿馬、甲冑、紙硯、副以良金，朕甚嘉焉。

「日本素稱詩書國，常在朕心，第軍國事殷，未暇存問。今王能慕禮義，且欲爲國敵愾，非篤於君臣之道，疇克臻玆。今遣使者道彝、一如，頒示大統曆，俾奉正朔。賜錦綺十匹，至可領也。」（善鄰國寶記）

明惠帝對義滿的歸逋流人，最爲欣慰，此爲中國自元末受倭患以來，日本政府第一次自動搜捕海寇，押解中國。故明惠帝詔書，有「爲國敵愾」，「心存王室」之語。

三　日本對明使禮儀的隆重

明使至日，日本政府以隆重禮節，予以接待，日史多有記述。玆錄之如下：

「吉田家日次記」說：「明二僧（按指道彝等）是年（按指應永九年）八月，抵兵庫。義滿因欲觀明船，特下兵庫，使掃除路次，加以警衞，迎至京師，館於法住寺。」

「武家年代記」說：「義滿並於九月五日，在北山殿，行接見禮，儀仗頗盛。」

「滿濟准后日記」說：「義滿使公卿二人，至總門迎接，接受明書，燒香三拜後，復跪坐。」

惟日人有以明惠帝詔書，視日本爲屬國，而義滿聽命未辭，多所抨擊。加之，義滿又以藩屬之禮，接待明使，故認義滿「有辱國體」，並指斥義滿的行動是「日本外交史一汚點。」

拾伍　成祖對日本的冊封

一　成祖登基日本的朝獻

當明太祖得國，有見唐、宋實行「郡縣制度」，而致君主孤立，爲杜絕「藩鎮」之禍重演，故自明洪武元年至二十四年之間（西元一三六八——一三九一年），擇名城大都，先後分封二十四子爲王（掌握封地之軍政大權，節制文武。），俾資拱衞中樞。

明惠帝卽位時，諸王勢力大張，專橫跋扈，不聽中央節制，儼然對立國家。如是齊泰、黃子澄等建議「削藩」，親王不得節制文武，以限制其權力，明惠帝欣然從之。

明惠帝之叔燕王朱棣，以削藩之舉，危及己身，藉詞「靖難」，起兵北京，南下反抗明惠帝。經過三年內戰，於明建文五年（西元一四〇三年），攻陷應天，明惠帝倉猝出奔，不知所終。

燕王於同年卽位，改元「永樂」，是爲明成祖。明成祖一朝，爲有明一代國勢最盛時期，亦明史上的光榮時代。

日本室町幕府將軍足利義滿，得悉明廷易主，新君登位，卽於後小松天皇應永十年（明永樂元年），特遣天龍寺僧堅中圭密，入明朝賀。

當日使堅中圭密一行，抵達浙江寧波。「禮官」李至剛奏故事說：「番使入中國，不得私攜兵器鬻民，宜敕所司覈其船，諸犯禁者，悉籍送京。」明成祖聞奏，坦然大度，不擬過事干禁。他說：「外夷修貢，履險踏危，來遠，所費實多，有所齎，以助資斧，亦人情，豈可概拘以禁令？亦准時直市之，毋阻向化。」（引用文字見明史日本傳）

同年十月，日使至應天，呈遞足利義滿上明成祖國書說：「日本國王臣源表：臣聞太陽升天，無幽不燭，時雨霑地，無物不滋。矧大聖人，明並曜英，恩均天澤，萬方嚮化，四海歸仁。欽維大明皇帝陛下：紹堯聖神，邁湯智勇，戡定弊亂，甚於建瓴，整頓中原，易於返掌。啟中興之洪業，當太平之昌期。雖垂旒深居北闕之尊，而皇威東濱之外。是以謹使僧圭密、梵雲、明室、『通事』徐方元，仰觀清光，伏獻方物；生馬二十匹，硫磺一萬斤，馬腦大小三十二塊，計二百斤，金屏風三副，槍一千柄，大刀一百把，硯一面並匣，扇一百把。為此，謹具表聞。日本國王臣源」（善鄰國寶記）。

據「善鄰國寶記」說，此表為堅中圭密所著，而「吉田家日次記」，則認出自絕海中津之手。筆者採信後者，蓋絕海中津於明洪武元年（西元一三六八年）來明，禪修十一載，文學修養造詣甚深，此表出自其手，較為可信。

明成祖得日本國書，大悅。除厚禮日使外，並以冠服、龜鈕、金章、錦綺、紗羅等物，回贈義滿。

二　成祖册封足利義滿為日本國王

當日使堅中圭密返國之際，明成祖亦如前朝例，派遣「左通政」趙居易等，偕往答聘。明使一行，於日本應永十一年（明永樂二年、西元一四〇四年），分乘船五艘，發自中國。五月三日，三艘先入兵庫港（大乘院日記目錄）。是月（五月）十二日，趙居易入京，凡七十八人，騎馬者三十餘人（東寺王代記），義滿對明使迎接禮儀如前。

明成祖致義滿的詔書說：「咨汝日本國王源道義：知天之道，達理之幾，朕登大寶，卽來朝貢，歸嚮之速，有足褒嘉。用錫金印，此守爾服，眷茲海甸。」（善鄰國寶記）

「善鄰國寶記」所載的「用錫金印」，與「明史日本傳」所載的「賚道義冠服、龜鈕、金章（按金章者，金印也）。」不謀而合。中、日史書記載相同，則明成祖頒給義滿金印之事，當屬確實。此金印刻有「日本王之印」五字。據日史「滿濟准后日記」說：「鹿苑院殿（按卽義滿）以來，受日本王封號，並由中國賜印曰：『日本王之印』。」可爲明證。

三　日本禁止對馬壹岐島民入寇中國

義滿受明册封後，爲圖報效，爰遵明廷之囑，遣師對馬、壹岐諸島，搜剿海盜，並擒獲盜魁二十餘人，遣使押送來明。

明成祖對義滿獻盜，頗爲欣慰。旋命「鴻臚寺」潘賜，偕「中官」王進至日，賜以九章冕服、錢鈔、錦綺、加等而還。至所獻盜魁，則令日本自行處治。惟使者至寧波，「盡置其於甑，烝殺之。」（參考明史日本傳）。而「籌海圖編」亦說：「其銅甑猶存，爐灶之遺址，在蘆頭堰云。」「善鄰國寶記」，對義滿搜捕海盜一事，亦有記述：「是時，明使所齎之國書中，皆稱義滿爲日本國王源道義，贊賞其禁示對馬、壹歧等諸島入寇。並言今後當戒戢其民，就農樂業云云。」可知義滿戢止其西南島民，入寇中國，確有其事也。

由於義滿搜捕海盜，以及明永樂四年（日本應永十三年、西元一四〇六年），「平江伯」陳瑄於登州西北海中的沙門島，擊潰倭寇，並窮追至朝鮮邊境，於是中國濱海省區倭患，方得稍息。

四　「海東之國未有賢於日本者也」成祖對日本的褒揚

明成祖以義滿消弭倭寇有功，又聞義滿嘗言夢中常見明太祖（參考善鄰國寶記），當明永樂四年（西元一四〇六年），日本壽安山（日本國志謂肥後之阿蘇山），封山大典時，復頒碑文表揚義滿。

明成祖的封山碑文說：「朕惟麗天而長久者，日月之光華。麗地而長安者，山川之流峙。麗於兩間而長久者，賢人君子之令名也。

朕皇考太祖聖神文武欽明啟運俊德成功統天大孝高皇帝，知周八極，而納天地於範圍。道貫三皇，而亘古今之統紀。恩施一視，而溥民物之亨嘉。日月星辰，無逆其行。江河山岳，無易其位。賢人善俗，萬國同風。表表茲世，固千萬年之嘉會也。

朕承洪業，亨有福慶，極所覆載，咸造在近，周爰咨詢，深用嘉嘆。邇者對馬、壹歧諸小島，有盜潛伏，時出寇掠，爾源道義能口朕命，咸珍滅之。口口保障，誓心朝廷，海東之國，未有賢於日本者也。朕嘗稽古，唐虞之世，五長迪功，渠搜卽敍，成周之隆，庸蜀羌髳，微盧彭濮，率遏亂略，光華簡册，傳誦至今。以爾源道義方之，是大有口前哲者也。日本王之有源道義，又自古以來未之有也。朕維纘唐虞之治，擧封山之典，特命：日本之鎭山，號『壽安鎭國之山』，賜以銘詩，勒之貞石，榮示於千萬世。」（皇明實錄）

據「敎言卿記」說：「明使俞士吉於是年（按日本應永十三年、明永樂四年、西元一四〇六年）五月十九日，達九州。二十九日，一船先到兵庫。六月八日，又有六、七艘到岸。未幾入京，在北山殿行延見禮。其規模之宏大，及義滿之奉迎，可謂盛矣。」明使俞士吉之赴日，係齎賜封山碑文也。

五　日本南方人士對足利義滿的抨擊

義滿不僅在政治上，傾向明室，甚致日常衣著亦以華服爲尚，他與明使同遊常在光院，觀賞江葉，著明之服，使人舁其輿（參考敎言卿記）。惟日本南方人士，特別是南朝遺臣，對義滿的作風，反感殊甚，認爲是日本的「奇恥大辱」。如「南方記傳」說：「日本雖小國，皇統相繼，獨立而爲天下皇帝，人皇百餘代爲夷國，不受王號。而今源道義代爲武臣如斯，似彰日本恥辱於異朝云云。」按南朝爲義滿所歸併，南方人士以孤臣孽子之心，指責義滿，無非一紓亡國之痛，揆諸情理，亦未忍苛責也。

惟「南方紀傳」所說：「人皇百餘代爲夷國，不受王號。」則核與史實不符，蓋日本遠在中國東漢時期，即受封爲「漢倭奴國王」。當日本天明四年（清乾隆四十九年、西元一七八四年），曾在日本九州筑前，掘得「漢倭奴國王」金印一顆。據「學古篇」說：「漢、晉諸印，大不踰寸，惟異其鈕，以別主守之上下。諸侯、王印橐駝鈕，列侯龜，將軍虎，蠻夷蛇、虬、駝、兎之屬。其字皆白文。」查九州掘出之金印，係蛇鈕白文爲蠻夷之印，核與漢制相符，當係東漢光武帝所賜日本之印綬。復據「後漢書東夷傳」說：「建武中元二年（西元七十五年），倭奴國奉貢朝賀，使人自稱大夫，倭國之極南界也。光武賜以印綬。」此事在日本垂仁天皇八十六年。足見東漢光武時期，日本强大部落的領袖，已遣使來華入貢矣。

玆據考證：倭奴國在日本北九州，係古伊郡都地。這是日本入貢中國，見於中國史書的最早記載。而日本要求封爵，亦始於此時，蓋使人自稱大夫，旨在漢廷假授。惟金印掘得之初，日人議論紛紛，或以國體有關，恥其先代入貢中國，稱此印綬係金石家高芙蓉僞造。或竟懷疑倭奴國的存在。但事實勝於雄辯，此一印綬仍爲日本社會所公認，陳列於上野博物館，供人參觀。由此可知，日本「不受王號」一語，顯非事實。

拾陸　成祖積極拓展國外貿易與締結中日商務協定

一　成祖積極拓展國際貿易

明初，中國深受盤據塞外的北元威脅，所以對北邊的防務，最爲重視，太祖全神灌注蒙古人的動態。因而國外市場的開拓，未能積極展開。

明成祖即位，作風一變，積極的開展國際貿易，以促進國家的經濟發展，從而達成馭邊目的。在其即位之年，即詔告日本及南洋各國說：

「太祖高皇帝時，諸番國遣使來朝，一皆遇之以誠。其以土物來市易者，悉聽其便。或有不知避忌，而誤於憲條，皆寬宥之，以懷遠大。今四海一家，正當廣示無外，諸國有輸誠來貢者，聽爾其諭之。」（大明實錄）

明成祖積極開放海外事業目的，不外有二：政治上目的，在誇示國力富强，基於發揚國威的心理。經濟上目的，因「靖難之役」，用兵三年，國帑漸虛，而北征韃靼（蒙古），用財亦鉅，故欲展開海外事業，增加國家歲收。於是他派遣三保太監鄭和遠航海外，廣拓海外商業市場。同時，廢除海禁，歡迎外人來華貿易。

鄭和，雲南人，本姓馬，奉回教。爲宦官，賜姓鄭，呼三保太監。他自明永樂三年（西元一四〇五年）起，前後七次出航，明代聲威遠播東南亞及東非各國，使中國獲得了廣大的亞、非市場，與殖民地。

在馬來半島以東之地；如占城（今越南西貢）、靈山（占城北部）、眞臘（今稱高棉）、崑崙（今越南南海島）、賓童龍（今柬埔寨沿海）、暹邏（今泰國）、彭坑（馬來半島南端，接近新加坡）、東西竺（今新加坡）、龍牙門（今龍加島，馬來半島與蘇門答臘之間），交欄山（今爪哇海比利敦島）、假里馬丁（今婆羅洲西南之群島）、麻逸凍（今巽他群島中之邊洲）、爪哇（今爪哇）、重迦邏（今爪哇海中之馬都拉島）、吉里地悶（今爪哇東之檀香嶼）等地，成爲中國的海外市場。

在馬六甲之地；如滿剌加（今馬六甲）、阿魯（馬六甲南端的亞羅亞島）、九州山（馬六甲南端九小島）等地，成爲中國海外市場。

在蘇門答臘之地；如蘇門答剌（今蘇門答臘南隅）、三佛齊（今蘇門答臘舊港）、南浡里（今蘇門答臘西北部）、那孤兒（今蘇門答臘疑亞齊）、黎代（蘇門答臘疑亞齊之一部）龍涎嶼（疑亞齊東北小島）、翠藍嶼（今阿達曼群島）等地，成爲中國海外市場。

在印度之地；如榜葛剌（今孟加拉）、柯枝（印度西南小島）、大小葛蘭（印度南端固蘭），古里（今印度孟買海邊）、錫蘭（印度東南錫南島）、溜山洋（柯枝南部珊瑚島）等地成爲中國海外市場。

在阿剌伯之地；如佐香兒（今阿剌伯半島東南岸）、阿丹（阿剌伯半島西南角），忽魯謨斯（今波斯灣內海島）、天方（今麥加）、剌撒（美索不達米亞附近的巴士那）等地，成爲中國海外市場。

在東非之地；如木骨都東（今摩加的蘇）、不剌哇（今貝拉）、竹步（今德班）等地，成爲中國海外市場。

二　中日「永樂通商條約」的締結

日本南北對峙之局，雖告統一，但長達五十七年的國內紛爭，導致日本農村破產，民生凋敝，而義滿又復窮奢極慾，於戰火之後，不但未使人民休養生息，以甦生機，反而大興土木，勞民傷財，國帑支出亦益浩大。義滿爲渡過財經危機，惟有在恢復中日貿易上，尋求解決，故於日本應永十一年（明永樂二年、西元一四〇四年）四月，與明簽訂「永樂通商條約」。條約規定「日本一年一貢，人止二百，船僅二艘，不得攜軍品，違者以寇論。」（明史日本傳）。

「永樂通商條約」特別規定日本貢期、人數，及限制其攜帶軍品，其目的厥在防範日人乘間爲盜，以及防止爲非作歹之日人，假貿易爲掩護，以遂其刼掠的陰謀。

中日貿易協定，成立之後，明政府即以「永樂勘合」，頒給日本政府，作爲日商來華貿易之憑證。另在福建、浙江、廣東設置「市舶司」，管理對日貿易事宜。自明洪武初年，爲防備倭寇，而廢置的「市舶司」，至此恢復建制。惟防倭寇再犯，特別要求日本政府在其國境內，搜捕盜民。

中日貿易恢復後，日本輸入中國的物品，以刀、扇、劍、屛風、描金物、硯、硫磺爲主。貢物則以刀、扇兩者，最受歡迎。蓋自宋代以降，日本刀久爲中朝人士所珍愛；如宋儒歐陽修卽有「日本刀歌」贊之：

「昆夷道遠不復通，世傳切玉誰能窮。
寶刀近出日本國，越買得之滄海東。
魚皮裝貼香木鞘，黃白閒雜鍮與銅。
百金傳入好事手，佩服可以禳妖凶。」

明代嘉靖時期，平倭有功的「鳳陽巡撫」唐順之，對日本刀亦極珍愛，並有歌贊之：

「聞道倭夷初鑄成，幾歲埋藏擲深井。
日淘月鍊火氣盡，一片凝冰鬬清冷。」

日本扇製作雅緻，尤爲中國人士所稱道。據「皇朝類苑風俗誌」說：「熙寧（按宋神宗年號，當日本白河天皇時期）末，余遊相國寺（按寺在河南開封），見賣日本扇者，琴漆柄，以鴉青紙如餅揲，爲旋風扇。淡粉畫平遠山水，薄傅以五彩，近岸爲寒蘆簑蓼鷗竚立，景物如八九月間，艤小舟，漁人披簑釣其上，天末隱隱有微雲飛鳥之狀，意思深遠，筆勢精妙，中國之善畫者，或不能也。」足見日本扇在藝術上的價值。

中國輸往日本物品，則以銅錢爲主，蓋日本自光仁天皇（當北宋時期）以降，國內普遍缺乏銅錢，須賴中國銅錢，充實其流通數量也。

拾柒　室町幕府易主日本斷絶對明邦交

一　足利義滿之喪

室町幕府創立者，足利義滿將軍於日本應永十五年（明永樂六年、西元一四〇八年）五月逝世，世子足利義持承襲將軍之位。

同年十二月，義持特遣堅中圭密來明報喪。明成祖於獲悉這位中國之友的死訊，頗爲悼惜，即命「中官」周全爲特使，專程赴日弔唁，賜義滿謚法「恭獻」，以追念其生前致力中、日兩國合作的貢獻。

明使周全一行，於翌年七月五日抵日，義持在北山殿延見，迎接儀式與義滿在世相同（參考教言卿記）。周全代表明成祖將「日本國王」封爵，授與義持。但義持此時，已蘊釀中止對明外交關係。據「如是院年代記」說：「是時，義持已有與明斷絕之志，不樂接見明使。但所以未遽斷者，以其爲弔先君之使，故勉強延見之。迨明使歸國時，乃使圭密告以斷絕之意。」

二　日本斷絕對明邦交

明成祖於明永樂九年（日本應永十八年、西元一四一一年）二月，復遣「中官」王進赴日，「齎敕褒賚，收市物貨」（明史日本傳）。義持卽斷然拒絕，未許入京。明使遂於同年九月九日，由兵庫歸國。自此，中、日邦交遂告停頓。

「東寺執行日記」，指陳義持斷絕對明國交說：「義持毅然斷絕國交，乃受當時元老斯波義將之諫止，有不滿其父之爲。」其動機不外南方人士諷言的刺激，與義持自尊心趨勢。

三　日本步入戰國時代

自「南北朝」結束，室町幕府成爲日本有力「守護」之合議政治。莊園領主之土地，在戰亂中，隨時有喪失，成爲地頭、土豪、武士侵占之危險，爲自保計，乃投靠「守護」，「守護」則將莊園，轉入己手，因之勢力大增，莊園制度爲之崩潰。武士固成爲一元支配者，而「守護」之勢力亦日趨膨脹矣。

由於莊園領主的投靠，「守護」擁有的土地面積，甚致駕凌「將軍」支配的廣大領國之上，如是形成羣藩割據的局面。各藩互爭土地，以致烽火不息，兵禍連結。如日本元中九年（西元一三九三年）山名氏的叛亂，日本應永六年（西元一三九九年）大內氏的叛亂，卽爲「守護」稱亂的實例。雖經足利義滿鎭壓，但義滿死後，義持無乃父之雄才大略，而荒淫過之，羣藩之亂迭起。日本永享十年（西元一四三八年），「關東管領」足利氏作亂，室町幕府雖一再彈壓，但內亂迄未寧息。日本自此進入黑暗時代，史稱「戰國時代」。

由於日本戰亂頻仍，戰敗武士（卽遊兵散勇）、窮無所歸，相率入海，據島以守，組成海盜集團，趁機刼掠中國瀕海之地。而明代自太祖開國以來，對倭用兵，間小勝，而不能成大捷，未始不是促使日人坦然來犯的原因。故一旦平靖的海上，又復多事矣。

拾捌　劉江奇兵大破倭寇於望海堝

一　劉江坐鎮遼東備倭

劉江卽劉榮，宿遷人，初冒父名江。早年追隨大將徐達，轉戰南北，所至有功。

明永樂八年（西元一四一〇年），劉江累官進「左都督」，坐鎭遼東。此時倭寇沿海肆擾，北起遼東，南迄福建，濱海郡邑多被害。劉江巡視各島，至金州衞金線島西北之望海堝（今遼寧省寧海縣東南），見該地特高，廣可駐兵千餘人，極具軍事價值。劉江以其地沿革，詢諸土人；據謂：「洪武初，『都督』耿忠亦嘗於此築堡備倭。離金州城七十里，凡寇至，必先經此，實濱海咽喉之地。」劉江據此，上疏明成祖，請用石壘堡，置烟墩瞭望，明成祖從之。

明永樂九年（西元一四一一年）三月，劉江不謹斥堠，海寇入寨，殺邊軍。明成祖怒，遣人斬江首，既而宥之，使圖後效。

二　望海堝大捷明軍痛殲倭寇

明永樂十二年（日本應永二十一年、西元一四一四年），劉江復充「總兵官」，鎭遼東。此時倭寇沿海瀕犯，歲時騷擾。明成祖於永樂十四年（日本應永二十三年、西元一四一六年），特敕劉江及沿海衞所，相機剿倭。

同年十二月，劉江在遼東金州旅順口、望海堝、左眼、右眼、三手山、西沙洲山頭、爪牙山，設置烽堠，令士卒密切注意倭寇動態。

當明永樂十七年（日本應永二十六年、西元一四一九年）六月，某日，有瞭者來告「東南海島中擧火」，劉江計寇將至，急遣馬步官軍，赴堝上碉堡備之。

翌日，倭寇二千餘，分乘海艢二十艘，直抵馬雄島，逼堝下，登岸入王家小島，魚貫行。一賊貌醜惡，揮兵率衆，勢銳甚。劉江令師秣馬，略不爲意。以「都指揮」徐剛伏兵於山下，「百戶」江隆帥壯丁潛燒賊船，截其歸路。劉江又與徐剛、江隆二將相約：「旗擧伏起，鳴礮奮擊，不用命者，以軍法從事。」

既而，賊至堝下，劉江披髮擧旗，鳴礮，伏盡起，繼以兩翼並進，賊衆大敗，死者橫仆草莽，餘衆奔櫻園空堡，官軍追圍之。將士奮勇，請入堡剿擊，劉江不許，特開西壁以待其奔，分兩翼夾擊之，斬首一千餘級，間有逃走者，又爲江隆率衆圍縛，生擒約八百五十七人，無一人逃逸（按明史有謂倭寇被斬首者七百四十二人，不實。查賊衆來犯者二千餘人，既無一人逃逸，斬首數字，當以劉榮傳所載一千餘級爲宜，蓋再加生擒八百五十七人，恰與賊來犯數相符。）

「望海堝大捷」，劉江率師凱旋，將士請曰：「將軍見敵，意思安閒，惟飽士馬。及臨陣，作眞武披髮狀。追賊入堡，不殺而縱之，何也？」劉江答謂：「窮寇遠來，必勞且饑，我以飽馬待饑勞，固治敵之道。賊始魚貫而來爲蛇陣，故披髮作此狀以鎭之，所以愚士卒之耳目，作士卒之銳氣（此即今日之心戰）。賊既入堡，有死而已，我師攻之，彼必至死，未必無傷。寇出，縱其生路，即圍師必缺之意，此固兵法，顧諸未察耳。」

「望海堝」一役，劉江以奇兵制勝，爲明代開國以來，剿倭首次大捷。倭因大創，不敢再窺遼東，從此沿海各地，雖未盡絕寇踪，但明目張膽來犯者，則絕無僅有，濱海居民賴以生息，約百餘年。

劉江因功，封「廣寧伯」，更名榮，子孫世襲，予世劵。（本節參考明史劉榮傳。明史本傳。明史紀事本末。明史稿。明書。通鑑明紀。東西洋考。）

拾玖　宣宗致力中日邦交的恢復

一　宣宗策動中日復交

明成祖於明永樂二十二年（西元一四二四年），親征韃靼阿魯臺，客死榆木川軍次。太子高熾繼位，是爲明仁宗，未及一年逝世。明仁宗子瞻基卽位，是爲明宣宗，改元「宣德」。

明宣宗卽位，四方來朝，惟日本未遣使通好。故明宣宗於明宣德七年（日本後花園天皇永享四年、西元一四三二年），命「中官」柴山前往琉球，囑其王轉知日本來朝。

琉球在明洪武初年，入貢受封。明太祖賜以閩人三十六姓，分在琉球任職。明永樂時期，琉球政府並選派學生來明留學。此後由於中國文化的傳播，風俗漸變，華化昌行，通貢日頻。明宣宗以中、琉關係密切，故命其王從中調旋，促使日本早日復交。

二　「貢茅不入，因緣僦色多虞」一日本復貢一訴衷曲

日本此時正值「戰國時代」，這是日本歷史上，最混亂、最黑暗的時期。下尅上的風氣極盛；天皇受制於「將軍」，「將軍」受制於「管領」，「管領」受制於「家老」，而「守護」、「地頭」之見制於其部屬者，更屬司空見慣。在上者，不能駕馭下屬，君臣名位喪失，法令不行，政府體制蕩然

，在下者，擁兵自據，不聽節制。社會風氣囂張，秩序紊亂。

當琉球使者，啣明宣宗命抵日，室町幕府將軍足利義持已遁跡空門，削髮爲僧矣。此時義教承襲「將軍」職，爰應明宣宗之召，遣天龍寺僧龍室道淵（按異國使僧小錄說：道淵爲浙江寧波人）於日本永享五年（明宣德八年、西元一四三三年）使明。

義教援前代例，自稱「日本國王臣源義教」，上表明宣宗說：「貢茅不入，固緣敝邑多虞。行李往來，願復治朝舊典。」並用明宣德年號（參考東海瓊華集）。表中所謂「敝邑多虞」與「願復治朝舊典」，已道出日本國內不靖，政治混亂矣。

明宣宗以日本遣使復交，喜甚，對日本賞賜白金、綵幣較前朝尤多（日本史書多將禮品，數量詳細記載。）此自明永樂九年（西元一四一一年），足利義持斷絕對明國交二十二年後，中、日重復舊好。

三　明使至日答聘促禁海寇

日使龍室道淵歸國時，明宣宗以「內官」雷春爲「正使」，裴寬、王厚甫爲「副使」，與「鴻臚寺少卿」潘錫（賜）、「行人」高遷等，同持國書使日，促禁海寇。

「滿濟准后日記」，記錄明使一行至日，日本政府接待情形說：「明使有六百人之衆，乘船五艘，勘合船共十艘，於永享六年（明宣德九年、西元一四三四年）五月二十二日到兵庫。六月一日入京，館於六條法花堂。六月五日，在室町殿行延見禮。是時儀式，視義滿時較簡略，稍保日本體面。義滿時，使公卿二人至總門迎接，接受明書，燒香三拜後，復跪坐。義教則僅至四足門迎接，受明書時，祇燒香二拜耳。是月十七日，明使請日本禁遏海寇。八月二十一日，明使發京都返明。」日本政府對待明使的禮節，與義滿時代較之，簡慢多矣，誠如「滿濟准后日記」所說：「稍保日本體面」耳。

四　中日貿易的恢復

日本進入「戰國時代」後，內亂頻頻，政府財經拮絀，故當日使龍室道淵來明修貢之際，即請明廷恢復中日貿易。明宣宗爲懷柔日人，亦欣然許之。「禮部」即據「永樂通商條約」爲藍本，略加修訂，而成「宣德通商條約」。其主要內容，規定日本來明貿易，「人數訂爲三百，船舶三艘，仍爲十年一貢。」

當雷春等使日，即代表中國，將「本字號」勘合一百道，「日字號」勘合底簿一册，交與日本政府，作爲日人來明貿易憑證。

中日貿易恢復後，日本輸入中國的物品，大致與明永樂時期相仿，惟另附貢物而已。中國輸往日本的物品，仍以銅錢爲主，另附名畫，珍貴織物，精巧像具等。中日貿易的重開，使窮困的日本，獲致若干實惠，國家經濟賴以改善不少，故日本朝野，無不竭力支持。此後日本勘合貿易船，隨日使來明而日盛，直至明世宗嘉靖二年（日本後柏原天皇大永三年、西元一五二三年）日本諸道爭貢事件，在寧波發生，焚毀衙署，擾亂地方，明世宗始令閉關絕貢，停止中日貿易。

貳拾　英宗即位日本貢叛無常

一　英宗即位日本來朝

明宣宗於明宣德十年（日本後花園天皇永享七年、西元一四三五年）謝世，其子祁鎮卽位，是爲明英宗。翌年，改元「正統」。

日本室町幕府將軍足利義教，感念明宣宗的厚贈，與對明貿易之利，茲值明英宗登位，乃遣恕中中誓爲特使，入明朝賀。

義教上明英宗表說：「爭覩使星光彩，則知官儀中興。秋水長天，極目雖迷上下。春風和氣，同仁豈阻東西。」（日本國史）。對明廷推崇備至，而辭藻之華麗，足證日人對漢學造詣之深。

二　日人利用勘合貿易亦商亦盜

明代慣例，凡與日本政府簽訂通商條約，卽頒以「信符勘合」，作爲貿易憑證。「勘合」係用黃金鑄成一牌，冠以當朝帝王年號，如「永樂勘合」、「宣德勘合」是。

當明英宗卽位，「工部」言：「宣德間，日本諸國皆給信符勘合。今改元伊始，例當更給。英宗從之。」（明史日本傳）。惟考查「明史」，未見「正統勘合」。「明使日本傳」雖有「例當更給，英宗從之」一語，但仍襲用前朝勘合。中國史書記事，詞意每多簡略，失眞之處亦復不少。學者須作一番考證功夫，以免以訛傳訛。迨明英宗北狩被執，釋回復位，改元「天順」，此時日人每利用勘合憑證，航行沿海，趁明軍不備，即行刼掠，明英宗爲防微杜漸，不致另頒「天順勘合」也。

「明史紀事本末」，對日人假勘合貿易，以達其亦商亦盜的目的，亦有論述：「初，日人得我勘合，即滿載而東，遇官兵，矯云入貢，我無備，即肆殺掠，貢即不如期。守臣幸無事，輒請俯順倭情。巳而，備禦漸疏。」此即日人利用勘合貿易爲護符，趁機刼掠的有力論據。

玆擧一實例，以證日人的亦商亦盜：

明正統四年（日本永享十一年、西元一四三九年）五月，「倭船四十艘，連破臺州、桃渚（位於浙東）、寧波、大嵩（位象山港北）二千戶所。又陷昌國衞（定海），大肆殺掠。」（明史日本傳）。尤以桃渚受害最慘，據「明史紀事本末」說：「倭寇大嵩，入桃渚，官廨民舍焚刼。驅掠少壯，發掘冢墓。束嬰孩竿上，沃以沸湯，視其啼號，拍手笑樂。得孕婦，卜度男女，刳視中否。積骸如陵。」此種滅絕人性的瘋狂行爲，出自假勘合貿易爲名的日人之手，讀之令人髮指。

三　英宗下詔備倭

明英宗以日人利用勘合爲掩護，而遂其侵掠的陰謀，至爲震怒，乃於明正統四年八月（此在日人騷擾浙東之後），下詔備倭，命重師守要地，增城堡，謹斥堠，合兵力分屯海上，日夕警戒。

當明正統五年（日本永享十二年、西元一四四〇年）五月，日人再犯桃渚，卽遭「浙江僉事」陶成迎頭痛擊。據「經濟錄」說：「陶成先量寇來風訊，時月，預以釘板，陰布於沿海泥淖中。倭至艤舟，爭躍登岸，釘盡洞足踣，而伏兵四合，倭殲，舟皆焚。」

明正統七年（日本後花園天皇嘉吉二年、西元一四四二年）五月，日人復陷大嵩所，殺官軍百人，掠三百人，糧四千四百餘石，軍器無算。

同年六月，朝廷詔令「戶部侍郎」焦宏，整飭浙江備倭事，兼理「蘇松福建防務」。惟日人「時載方物，出沒海濱，得間，則張其戎器，而肆侵掠。不得，則陳其方物，而朝貢。」這種叛服無常，亦商亦盜的狡猾行徑，頗使沿海守軍，難辨眞僞，防範爲難矣。

明正統十四年（日本後花園天皇寶德元年、西元一四四九年），明廷更檄令山東、南京沿海各地守軍，加强海防。

四　土木之變景帝攝政

明正統十四年（西元一四四九年），瓦剌的也先，大擧侵犯，明英宗聽信宦官王振之言，親自率師北上拒敵，惜士氣不振，人懷危懼，甫抵大同，旋卽折回。軍次察哈爾懷來之西的「土木堡」，也先率部自後追及，四面包圍。明軍一因水源斷絕，二因士無鬥志，及臨陣，潰不成軍，明英宗爲也先所擄，史稱「土木之變」。

敗訊傳抵北京（按明都自明成祖永樂十九年，由南京遷往北京，定南京爲留都），舉國震驚，廷臣紛主南遷避禍，獨「兵部侍郎」于謙力排衆議，不主遷都。此時群龍無首，太后命明英宗弟郕王（祁鈺）監國卽位，是爲明景帝，改元「景泰」，遙尊明英宗爲「太上皇」。

明景帝卽位後，力籌戰守。未幾，也先入寇，「兵部尚書」于謙（按于謙以輔佐功升兵部尚書）先後擊敗之，國勢始轉危爲安。

五 「卿何作盜」日本貢使劫掠臨清

明景泰四年（日本後花園天皇享德二年、西元一四五三年），室町幕府將軍足利義政（義教子）遣東洋允澎，率船九艘入明朝貢。

同年八月，日本使船停泊山東臨清，掠居民貨，有「指揮」往詰，毆幾死。所司請報治，明景帝恐失遠人心，不許。

同年九月，日使東洋允澎一行，抵北京。上明景帝表說：「書籍、銅錢，仰之上國，其來久焉。永樂年間，賚賜銅錢，近無恩賚，公庫索然，何由利民，欽請周急。」（善鄰國寶記）。此因日本內戰不息，書籍焚於戰火，銅錢流通數量，不敷週轉，故而請求明廷援助。

日使此來，除貢物之外，所攜私物，輒增十倍，未照勘合條約規定，其目的在獲取額外貿易利益耳。

當日使東洋允澎歸國，足利義政聞悉臨清刼案一事，至爲不滿，乃囚允澎下獄（參考日本國志）。義政欲遣使向明致歉，又不敢自達，乃轉請朝鮮端宗李弘暐代申其意。復據「戊子入明記」說：「後花園天皇長祿二年（西元一四五八年）八月，義政遣通事盧圓赴朝鮮，詢朝鮮王派遣明使時，以進獻何物爲宜。」

六 英宗復辟令日本擇老成識大體者充使

也先擄明英宗後，旋卽南下入寇，此時明景帝卽位，積極備戰，由於「兵部尙書」于謙調度得宜，屢敗也先。也先遂於明景泰元年（西元一四五〇年），送還明英宗。

明英宗還都，明景帝未將政權交還，更於明景泰三年（西元一四五二年），將太子見深廢位，而立己子見濟爲太子，明英宗黨人遂計議復辟。

明景泰八年（西元一四五七年），「武清侯」石亨、宦官曹吉祥、「左副都御史」徐有貞等，擁明英宗奪東華門，入宮復辟，重握政權，改元「天順」。明景帝在位八年，卒遭幽廢。

明天順二年（日本後花園天皇長祿二年、西元一四五八年），朝鮮徇日本之請，向明請示：以進獻何物爲宜，以派遣何人爲使。廷議「敕朝鮮復實，令擇老成識大體者充使，不得仍前肆擾。」（參考明史日本傳）

貳拾壹　憲宗時期日本遞請明援

一　憲宗即位日本遣使朝覲

明天順八年（西元一四六四年），明英宗逝世，其子見深卽位，是爲明憲宗，改元「成化」。日本政府於長祿二年（明天順二年、西元一四五八年），自朝鮮方面，獲得明廷指示使節人選後，室町幕府將軍足利義政，當卽指派建仁寺僧天與清啟爲遣明使，準備入明。嗣因日本沿海，海賊蠭起，未能成行。至後土御門天皇寬正六年（明成化元年，西元一四六五年）六月，日使摒擋完畢，室町幕府命四國、九州沿海諸侯，並諸國海賊（按此非海上盜賊，乃割據一方者之通稱）爲遣明使船之警衞，以防使船在海上遇刼（參考蔭涼軒日錄）。惟日使一行，因風所阻，直至明成化四年（後土御門天皇應仁二年、西元一四六八年）六月，始達北京，隨行人員有「居座」六人、「土官」三人、「從僧」二人，與使船三艘。

天與清啟齎足利義政上明憲宗國書有謂：「渺茫海角，雖不隸版圖之中，咫尺天顏，猶如輦轂之下。」對明廷親向之殷切，流露無遺。繼對明廷奉承說：「黃河北流，一清以生上聖，白日西照，再中以發皇明。」（親元日記）

明室對日使之來，仍按舊禮接待，並新頒「成化勘合」，以憑貿易。

日本此次遣使目的；一因臨清刼案，向明致歉，一在請求恢復對明貿易。

二　「敝邑多虞，鼓角未息」日本遞請明援

日使天與淸啟於日本應仁三年（明成化五年、西元一四六九年）八月，歸國，抵土佐冲，爲大內氏所襲（按諸國海賊之一，盤踞日本西部之海島），由明齎來之貨物，及成化勘合，悉被奪（大乘院寺社雜事記）。

足利義政以「成化勘合」，及財貨被刼，繼於日本文明九年（明成化十三年、西元一四七七年），另派竺芳妙茂使明，請求救濟。

義政上明憲宗國書說：「敝邑多虞，鼓角未息。禹貢山川之外，身在東陬。洛邑天地之中，心馳北闕。」（續善鄰國寶記）。

義政另致「禮部」咨文說：「敝邑搶攘，抑銅錢經亂散失，公庫索然，土瘠民貧，何以賑施？永樂年間，多有此賜。又書籍焚於兵火，敝邑所需，二物爲急。」（日本國志）

日本此次遣使，在「應仁之亂」後。應仁初年，「管領」細川勝元與「侍所」山名宗全，力爭領導權，各不上下，全國武士，爭附兩氏以求顯達，因而形成兩大集團，勢如水火。同時畠山與斯波氏互爭家督，而將軍家亦因繼承問題，發生爭端，於是引起爲時十一載，兵刃相見的「應仁之亂」。細川勝元奉事義視，山名全宗則奉義尙。於是勝元統率東國二十四國之兵九萬與宗全抗峙。迨宗全、勝

元死後，「應仁之亂」雖告結束，但京都被焚，化爲灰燼，日本歷代文物典籍，付之一炬。皇室衰微，公卿以下，窮困潦倒，多投靠地方大名（領有封地的武士），而人民流離失所，餓殍載道，則遍地皆是也。足利義政處此兵燹之後，民窮財盡，山河破碎，故請求明援，以資救急。明憲宗對日本政府的處境，甚表同情，特以銅錢五萬貫，與法苑珠林等書相贈，以紓日本危困。

日使於翌年二月返國，義政惟恐使船，再度遇劫，乃令大隅「守護」島津久氏遣師護航。

日本文明十六年（明成化二十年、西元一四八四年），義政復命子璞周瑋使明，再度請求經援。義政在上明憲宗的國書中，有謂：「抑敝邑久承焚蕩之餘，銅錢掃地而空，官庫空虛，何以利民？今差使者入朝，所求在此。」（補菴京華別集）

明憲宗一如前例，厚贈日本政府銅錢，又以重禮贈送義政夫婦，以示中、日兩國友好之意。

惟日書多以義政遞請中國經濟援助，頗不爲然，譏之「無耻」。而「明史日本傳」亦有「倭人一再貪求」，即指義政遞向明廷索求而言。但平情言之，日本自應仁亂後，財經瀕臨崩潰邊緣，甚至室町幕府本身亦有動搖之勢，義政爲挽救其國家危機，請求外援，亦屬國際間常有之事。觀之今日，落後國家每賴工業先進國家之經濟援助，技術援助、學術援助，以改善其國家現狀，已成爲邦交上，互助合作的表徵，亦爲今日世界經濟依存之必然現象。日書斥責義政無耻，毋寧說是日人英雄主義，與自尊自大心理，所使然也。

自日本文明十六年後，日本因用兵海上，海道不靖，未再遣使。至其往來中國貿易者，以周防大內氏，與豐後大友氏所屬爲多。

綜明成化一朝，倭寇對我沿海各地之騷擾，較之以前各朝爲少。

貳拾貳　孝宗限制日使隨員入都名額

明成化二十三年（西元一四八七年），明憲宗去世，太子祐樘即位，是爲明孝宗，改元「弘治」。政理民治，平吐魯番，統一大漠南北。

日本室町幕府軍足利義植（義政死，義子義植承襲），於日本後土御門天皇明應五年（明弘治九年、西元一四九六年）三月，遣堯天壽蓂爲「正使」，偕從僧三人，船六艘入明。還至山東濟寧，其下復持刀殺人，所司請罪之。明孝宗爲防日人無端尋釁，旋下詔規定，自今「止許五十人入都，餘留舟次」（日本國志），以示限制焉。

貳拾叄　武宗時期日本軍閥互爭勘合貿易

一　武宗即位

明孝宗於弘治十六年（日本後柏原天皇永正二年、西元一五〇五年）五月，去世。其子厚照繼位，是爲明武宗，改元「正德」。宦官劉瑾擅權，政以賄成。

二　日本令禁惡錢

日本此時國內通貨，多有「惡錢」流通於市。所謂「惡錢」，乃指幣值極低，幣質不良之銅錢。由於日本國內普遍缺少銅錢，投機取巧者，爲獲暴利，競以劣質銅錢，流入民間市場。室町幕府將軍足利義植，有鑒惡錢大量流通，影響物價，特於日本永正五年（明正德三年、西元一五〇八年），令禁「惡錢」，而聽用明洪武、永樂、宣德、成化等朝之銅錢。凡有損毀者，政府驗定其價值，庶不致官虧民損（參考日本國志）。

三　日本軍閥互爭對明勘合貿易

日本永正七年（明正德五年、西元一五一〇年），日本室町幕府將軍足利義澄（承繼義植位），遣子菴桂悟，與光堯爲正副使臣入明。正月啟航，發自間關，遇風災折回（實隆公記）。而「明史日本傳」則謂：「其王源義澄（即足利義澄）遣使臣宋素卿來貢」，查與日史所載不符。

此時日本兩大軍閥集團巨頭的細川高國氏，與大內義興氏，因互爭對明勘合貿易，勢同水火。據「日明勘合貿易細川大內二氏之抗爭文」說：「細川大內互爭勘合，經許多波折後，細川終不滿，乃另以一船，以宋素卿入明也。」

「壬申入明記」說：「細川氏另遣宋素卿，以一船由海南路入明也。」

「荻藩閥閱錄」說：「宋素卿即於是時（按即永正七年正月），另道入明。」

從上述日書所載，可知日本永正七年，宋素卿來明，並非代表日本政府。日廷所遣者，實爲了菴桂悟，其因風折回。故「明史日本傳」所謂：「其王源義澄，遣使臣宋素卿來賀貢」一節，核與事實不合。

四　宋素卿其人

明武宗時期，劉瑾竊柄，宋素卿來貢，劉瑾納其黃金千兩，瑾亦投桃報李，以「飛魚服」賜素卿，前所未有也。

宋素卿，浙江鄞縣人。幼習歌唱，日使見而悅之，攜同返國，而爲細川高國所器重。素卿善文字，景徐周麟之「翰林葫蘆集」，刊有「次韻宋素卿」之詩。但「明書」以素卿身爲華人，甘爲日人爪牙，斥爲「寧波叛民」。

由於日本兩大軍閥，互爭對明勘合貿易，導致明嘉靖二年（西元一五二三年）的日本諸道爭貢事件，明世宗始有閉關絕貢，嚴厲禁海，中止中、日貿易之舉。而宋素卿者，實爲此一事件之主角也。

貳拾肆　世宗舉棋不定的對日貿易政策

一　日本諸道爭貢事件發生世宗閉關絕貢

明正德十六年（西元一五二一年），明武宗去世，無嗣，遺詔以堂弟厚熜繼位，是為明世宗，改元「嘉靖」。惟自明世宗即位，國內已數不靖，故史家戲謂：「嘉靖者，年號而已」矣。

日本室町幕府將軍足利義晴（義澄子），於日本後柏原天皇大永三年（明嘉靖二年、西元一五二三年），以宗設謙道（屬大內義興集團）為遣明使，乘大內氏船三艘，抵寧波。同時，細川高國亦遣鸞岡瑞佐，偕宋素卿，乘細川船一艘，連袂而至。各以日使自居，互辯眞僞。

宋素卿賄賂「市舶中官」（按自明正德朝始，明廷習以太監主理市舶司務）賴恩，宴時，賴恩置素卿席次，於宗設謙道之上，謙道甚感不快。既而，驗發船舶，素卿之船後至，反而先驗。於是謙道怒不可遏，與之相爭，殺鸞岡瑞佐，並焚其舟。素卿逃奔紹興，謙道窮追不捨，素卿竄匿隱伏，倖免一死。謙道以餘憤難消，於沿途所經之地，大事焚掠。復在寧波燒毀官衙民舍，刼掠人貨之後，執「指揮」袁璡，奪船出海。「都指揮」劉錦追擊之海上，兵敗身亡。

自日本諸道爭貢事件發生，「御史」熊蘭、「給事中」張翀等，交章彈劾，請懲賴恩、宋素卿罪。復請「閉關絕貢，以振中國之威，而寢狡寇之計」，明世宗從之，下詔禁海。

二　倭患起於市舶世宗廢司不設

日本自應仁亂後，室町幕府號令不行，幕威一蹶不振。戰敗武士，流離失所，寄身無地，挺而走險，於是中國東南濱海各省，倭寇再起。

明嘉靖九年（日本後奈良天皇享祿三年、西元一五三〇年），「給事中」夏言奏以：「倭患起於市舶」（明史記事本末），明世宗旋而廢止市舶。

自市舶被廢，沿海居民遂與日人巡行私相交易。時而因緣爲利，狼狽爲奸，時而分贓不勻，有所短絀，在在激盪日人忩擾之資。從此奸豪外交內訌，海上無寧日矣。

三　朝令夕改世宗對日貿易停而復開

日本於應仁亂後，政府財政面臨空前危機。即如天皇之尊的後土御門之喪，亦因國庫空虛，無錢殯斂，停屍暗室，達四十餘日之久。之後，後柏原天皇、後奈良天皇，亦窮至不能舉行即位大典。經一再延期之後，幸賴僧人獻金，始能補行。日本天皇在戰國時代，雖屬政治偶像，固無實權可言，但名義上，畢竟是日本政府的領袖，日本人民的共主，皇室的窮困，尚且如此，公卿以下的潦倒，其慘可知。至於一般人民生活，則已面臨生死邊緣。日本政府爲求渡過財經難關，舉國上下，無不寄望恢復中、日貿易，來解救國家危亡。

惟自日本大永三年，爭貢事件發生，明世宗厲行禁海以來，日本對明貿易中斷，日人生存遭受嚴重的威脅。故當日本天文八年（明嘉靖十八年、西元一五三九年）七月，足利義晴爲打開僵局，特遣湖心碩鼎使明，請求恢復勘合貿易。交涉結果，據「明史日本傳」說：「守臣以聞，世宗敕令巡按御史，督同三司官覈，果誠心效順，如制遣送，否則卻回。」「日本國志」亦說：「是年（按天文八年），將軍義晴上書於中朝，求勘合，不許。」

中、日官方貿易，雖未恢復，但中國商人，多往日本周防，私與日人交易。日本公卿、僧徒、文士，以四方鼎沸，相率避難山口。大內氏義隆又好讀書，愛賞文物，故屢請華商，盡收古玩、書畫，因之華商接踵而至，一時稱盛（參考日本國志）。

翌年（明嘉靖十九年、日本天文九年、西元一五四〇年）二月，日使湖心碩鼎前往北京，中前請，並求明廷頒給「嘉靖新勘合」。「禮部」擬議：「勘合不可遽給，務繳舊易新，貢期十年，人不過百，舟不過三。」旨在防止日人利用勘合爲掩護，行其亦商亦盜之伎倆。明世宗同意「禮部」的擬議，於是自明嘉靖三年以來，停頓十七年的中、日國際貿易，重告恢復。

四　評論世宗對日貿易政策

日本諸道爭貢事件，在浙江寧波發生之後，明世宗始而閉關絕貢，繼而廢置市舶，再而恢復貿易，舉棋不定，朝令夕改，國家不僅損失鉅額關稅收入，且貽日人以可乘之隙。蓋閉關之舉，日人勾結沿海居民，從事走私，形成附骨之疽，益增其猖獗之勢。廢置市舶，徒然放棄國家鉅額關稅，招致政府財政損失。向使沿海軍衞如故，市舶未足爲害也。周旋締約，恢復貿易，雖有明文規定日人遵守事項，試問自永樂以降，中、日所訂勘合商約，日本政府果眞履行？日人入貢而來，即攫利而至，其貨物、人數，恒不如約。至者，每遷延不去，一次之使，明廷輒以隔年而數款之。日人之輕視中國，與其日後變本加厲之肆虐，又豈旦夕造成哉？

貳拾伍　倭寇復熾朱紈臨危受命

一　內外交詗倭患大起

自明永樂十七年（日本應永二十六年、西元一四一九年），「望海堝」一役，劉江擊潰倭寇之後，歷明代英宗、景帝、憲宗、孝宗、武宗各朝之百餘年間，倭寇未在中國濱海公然騷擾。此種承平局面日久，反而導致政府疏於海防，故至明世宗時期，浙閩海防疏隳已不堪言；戰船十存一二，「漳泉巡檢司」原有弓兵舊額二千五百餘人，僅存千人，海防不固，一至如此。加之，閩浙豪門勢家、失意政客、不得志生儒、窮苦海民，以及亡命之徒，因緣逐利，勾結日人，遂助長其覬邊野心矣。倭情專家胡宗憲說得好：「倭奴擁衆而來，動以千萬計，非能自至也，由內地奸人接濟之也。濟以米水，然後敢久延。濟以貨物，然後敢貿易。濟以嚮導，然後敢深入。海洋之有接濟，猶北陲之有奸細也。奸細除，而後北虜可驅，接濟嚴，而後倭夷可靖。」此種內外交詗，誠爲倭患復起的有力說明。

二　浙東被寇朱紈剿臨危受命

明嘉靖二十六年（日本後奈良天皇天文十六年、西元一五四七年），倭寇在浙東寧波、臺州諸地，大肆焚掠，官廨民舍被燬達數千百區。「巡按御史」裴紳以「防海副使」沈翰、「守士參議」鄭士威等，貽誤軍機，奏請治以失職之罪。

繼而，「浙江御史」楊久得（一作陳九德）奏請朝廷，設置巡視重臣，坐鎮浙江，指揮剿倭軍事。奏議說：「寧（波）、紹（興）、溫（州）、臺（州），皆濱海界福建。福（州）、興（化）、漳（州）、泉（州）有倭寇患，雖設衛所、城池，及『巡海副使』、『備倭都指揮』，但海寇出沒無常，兩地官弁，不能統攝，制馭爲難。請如往例，特遣巡視重臣，盡濱海諸郡，庶事權歸一，威令易行。」（通鑑明紀）

明廷採納楊九得之議，調「南贛巡撫都御史」朱紈赴浙江，兼「提督福州、興化、漳州、泉州、建寧（建甌）五府軍務」。

同年十月，朱紈至浙視事，行裝甫卸，即親往海道巡視，「僉事」項高與士民人等，提供制倭策略。有謂：「不革渡船（按豪門勢家，假濟渡之名，造雙桅大船，偸運違禁物資，勾結日人走私），則海道不可清。不嚴保甲，則海防不可復。」（通鑑明紀）。此乃切中時弊之言，朱紈據以上聞。

「巡按御史」裴紳亦奏請：「嚴禁沿海通番，勾連主藏之徒」，並責成朱紈執行。及詔下，朱紈即下令禁海，凡雙桅大船，一律燬之，清除走私之源，違者論斬。並嚴密保甲，搜捕姦民，以絕內應。在走私最猖獗的寧波、漳州月港，加强緝私。同時增强海防實力，日夕練兵，積極備戰。

三　「衣冠之盜」對朱紈勢不兩立

朱紈雷厲風行執行海禁，走私之風頓戢，結果使一般資衣食於海的浙、閩海民，驟失重利，雖豪門勢家亦惴惴不安（參考通鑑明紀）。基於切膚利害，他們對朱紈鐵面無私的執行禁海，痛恨萬分，以去之爲快。此輩豪門勢家，不乏在朝高官，或地方大紳，他們「勾連主藏」，實在是一批「衣冠之盜」。

四　朱紈剿平梟巢豪門勢家羣起倒紈

朱紈爲徹底消滅走私，遂採用擒賊先擒王的策略。當其平定浙東覆鼎山海寇（按爲中、日奸民結合的海盜集團，明代於嘉靖時期，倭寇亦稱海寇）巢穴後，繼遣「都指揮」盧鏜，乘勝自海門揮兵圍剿寧波雙嶼。按此島爲海魁閩人李光頭、皖人許棟所盤踞，作爲交通日人，停泊基地。此島如攻破，則日人失却停碇之所，走私亦無能爲力矣。

朱紈爲防雙嶼海寇於被攻擊時，四方逃竄，復遣柯喬、黎秀等，分率士卒，駐屯漳州、泉州、福寧諸地，扼守要害，以資圍堵。

盧鏜於明嘉靖二十七年（日本後奈良天皇天文十七年、西元一五四八年）四月，在九山洋發現海寇，俘獲海魁許棟等九十餘人，及日人稽天。盧鏜旋收復雙嶼，即命築寨而還。許棟餘衆有潰逸者，則爲許黨汪直收編，成爲海盜的生力軍。

雙嶼剿平之後，日人來明，驟失停泊據點，進退失據，不得已，乃改泊於浙東海上的南麂、礁門、青山諸島。

雙嶼既破，海魁遭擒，走私勾當，大受阻礙，豪門勢家爲自救救人計，乃羣起攻擊朱紈。他們散播流言說：盧鏜所擒許棟等九十餘人，皆良民，非賊黨。又復倚勢挾制地方官吏，以「脅從被擄者，爲輕比。重者，引强盜拒捕律。」（通鑑明紀），藉爲許棟等解脫刑責。朱紈聞之，氣憤塡胸，上疏斥此怪誕之論說：「今海禁分明，不知何由被擄，何所脅從。若以入番導寇爲强盜，海洋對敵爲拒捕，臣之愚暗，實所未解。」（通鑑明紀）。旋卽一意裁決，便宜行事，立處許棟等死刑，監斬於演武場，地方豪門爲之大嘩。蓋此時通番（按以日本爲主，尚有東南亞諸國），浙自定海（昌國），閩自漳州月港（龍溪東），大率屬諸貴官勢家也。

朱紈爲杜絕勢家勾結日人走私，特鐫「暴貴官家渠魁」數人姓名，報請朝廷申誡，惟廷臣有因閩人遊說之影響，乃將朱紈之議擱置。朱紈因所議不行，感慨萬分，他說：「去中國瀕海之盜猶易，去中國衣冠之盜尤難。」益觸閩、浙勢家之怒，恨之切骨，誓必去之。

同年七月，「巡按浙江御史」周亮，閩人也，上疏詆毀朱紈，並請「改巡撫爲巡視」，以削朱紈權限。周亮同黨在朝左右之，廷臣遂納亮議（參考通鑑明紀）。

同年九月，朱紈傾師征勦浙東溫州、磐石、南麂海上諸賊，直至歲杪，師捷凱旋，因聞周亮奏請削權事，卽於明嘉靖二十八年（西元一五四九年）一月，上疏申辯說：「臣整頓海防，稍有次第，亮欲侵削臣權，致屬吏下不肯用命。」既又以「明國是、正憲體、定紀綱、扼要害、除禍本、重斷決」

六事，條陳意見，語多激憤。中樞大臣因先入閩、浙人言，亦有不悅紈者矣（參考明史朱紈傳）。

同年三月，佛郎機國（卽葡萄牙）人，由前盤踞寧波雙嶼之海魁李光頭，導引來寇福建詔安，爲紈部擊敗，並擒李光頭等九十六人。朱紈卽便宜戮之，再具狀聞，語多侵涉諸勢家；又請誅長澳諸大俠、林恭等，藉以儆戒地方豪門，惟部覆不准。「浙江御史」楊久得亦奏劾朱紈擅殺，朝廷旋詔免紈職，並派「兵科給事中」杜汝楨南下偵察。

五　勇於任事拙於周旋朱紈飲恨仰毒

朱紈獲知朝廷罪已，大慟，感慨流涕說：「吾貧且病，又負氣不任對簿，縱聖天子不欲死我，閩、浙人必殺我，吾死自決之，不須人也。」（明史朱紈傳）。紈乃自製壙志，作絕命詞，仰毒而死。惟文獻中，未見刊載朱紈之絕命詞，或其內容，牽涉當其名流，而爲有司匿藏也。

明嘉靖二十九年（西元一五五〇年），杜汝楨與「巡按御史」陳宗夔調查朱案，告一段落，返京覆命，奏以「奸民鬻販拒捕」是實，但無「僭號流刼事」。以朱紈擅殺罪起訴、盧鏜、柯喬二將，則並論「重辟」。明世宗詔令執紈，而紈已前死矣（參考明史朱紈傳）。

朱紈秉性清廉剛直，勇於任事，而拙於周旋權勢之家。嚴厲執行封鎖港口，不准民間私自通番，觸及素爲日人內主之豪門勢家失利而怨。雖然朱紈在禁海與剿倭方面，有優異的表現，但與豪門勢家的利害衝突，終爲勢家所不容，朝廷失察，聽信詔言，遽而論定，行文至此，吾爲國家失人悲。

六、撤備弛禁倭寇大作

朱紈死後，朝廷罷「巡視大臣」不設，朝野搖手不敢言禁海。浙中衞所四十一，戰船四百三十九艘，尺籍盡耗。至朱紈在世時，所募福淸捕盜船四十餘艘，分布海道，巡邏查緝者，以及設於臺州、海門衞所十四，爲黃巖屏障，亦爲「副使」丁湛盡遣散之。自是，朱紈於明嘉靖二十六年（西元一五四七年）苦心積慮，擘畫經營的海防，次第撤備弛禁，倭亂遂而猖獗。未幾，東南濱海諸省，慘遭糜毒達十六年之久，國家財富之損失，人民生命之塗炭，誠無法估計。日人與漢賊，又安得不慶幸朱紈之死哉？由今思昔，物必自腐，始而蟲生，攘外須先安內，此千古不易之定律也。

貳拾陸　沿海剽掠的「八幡」賊船

一　中日匪類沆瀣一氣

明代初葉，爲防禦倭寇侵犯，沿海要地，均先後設置衞、所、增築城壘、裝備戰船，並以軍政大臣；如「都御史」、「巡視」、「副使」等，坐鎭指揮。由於控制周密，倭寇雖遞有騷亂，但未能大逞，爲禍不深。

惟自明嘉靖二十八年（西元一五四九年），朱紈死後，明廷廢置「巡視大臣」，繼將沿海要隘，撤備弛禁，海防武力因而大減。而明廷又於明嘉靖三十年（日本後奈良天皇天文二十年、西元一五五一年）四月，採納「浙江巡按御史」董威宿之議，暢開海禁，地方豪門與奸民，更變本加厲，攀附日人，爲害日甚矣。誠如張濂所說：「夫海市舊制，原非創設，向使瀕海之軍衞如故，市舶未爲害也。惟武備日弛，不能制變，海寇由之以起。」且地方官吏，僅求相安無事，對日人强橫行爲，噤如寒蟬，不敢過問，此種放縱態度，反而導致日人覬邊之念。加以汪直、徐海之輩，挾其雄厚實力，糾合日人。沆瀣一氣，沿海朽民，又爲之嚮導，如此裏應外合，倭寇一旦來犯，有如烽火燎原，明軍疲弱，不堪一擊矣。

汪直，皖人也，以事亡命走海上，爲船主渠魁，日人愛而服之。日人勇而戆，不甚別生死，每戰則赤體，提三尺劍，舞而前，無能悍者。其魁則閩人，善設伏，能以寡擊衆，大羣數千人，小羣數百人，推汪直爲首，徐海次之，又有汪滶、彭老生等，不下十餘帥。由於中、日匪類結夥爲寇，沿海倭患，狂然大作，一發而難以收拾矣。

二　八幡賊船倏忽千里濱海肆虐

實力强大的中、日海盜集團，匪徒們的衣著服飾，均模仿日人型式，並在舟桿，高張「八幡大菩薩」旗幟，此「八幡船」之由來也。

「八幡」者，日本應神天皇是也（在位特期當西晉初期），爲神功皇后之子，日史稱之「胎中天皇」。他是日本史上的英明君主，對中國文化的吸收與傳播，不遺餘力，功效最著。他延攬華人佐理政務，建設成華化的國家。中國手工業的紡織技術，亦於此時傳入日本，使日人在衣著上，獲有極大的改善。

「八幡船」迅捷如飛，出沒海上，倏忽千里，剽掠沿海城邑，如虎生翅。如明嘉靖三十三年（日本後奈良天皇天文二十三年、西元一五五四年）二月，海寇侵犯江蘇南通、泰縣、如臯、海門、靑州、徐州等地，卽以「八幡船」爲其剽刼之資。

由於「八幡船」縱橫海上，大江南北遭遇幾阻，軍民糧食輸送不便，南北震驚。此時鄭曉正任「總督漕運侍郎」，特上書朝廷說：「風帆出沒，倏忽千里，倭恃華人爲耳目，華人借爲爪牙，非詳爲區畫，後患未易弭耳。」（明史世宗本紀）。由於中、日奸民狼狽爲奸，是故海寇所築營寨，皆據要害，盡知明軍虛實，攻守自如，進退如意，因之賊帆所至，無不殘破。

貳拾柒　汪直引倭入寇瀕海數千里同時告警

一　船敝伍虛王忬整軍經武

自朱紈寃死，浙江不設「巡撫」四年，海防廢弛，士無鬥志。於是汪直、徐海、陳東、麻葉之輩，乘明軍船敝伍虛，主謀日人入寇。文武大吏既不能以軍法繩下，軍紀蕩然。而承平日久，百姓多不知兵，一聞寇至，罔不棄家逃避，於是倭亂益據，蔓延日廣矣。

如明嘉靖三十一年（日本後奈良天皇天文二十一年、西元一五五二年）三月，海寇犯廣東瓊州，殺官大掠（明書）。以及同年四月，海寇犯臺州、破廣巖、大掠象山、定海諸縣（明史紀事本末），與福建漳州、泉州。前後爲時二月，而騷擾所及，已遍廣東、浙江、福建三省之地矣。反顧此時東南海防，已呈船敝伍虛的狀態，一旦遇警，臨時僱募漁船，擔任戒備。船非專業，兵非素練，且無統一權責的指揮大員，專司督師，因之寇跡所至，軍民「望風逃匿」。

明廷鑒於倭患日熾，乃於同年七月，復設巡視重臣，以「都御史」王忬提督軍務，巡視浙江海道及興（化）、漳（州）、泉（州）地方（明史紀事本末）。

王忬此時巡撫山東，聞命至浙，甫抵任所，卽感「所治軍府，皆草創，而浙人柔脆不任戰，所受簡書輕，不足督率士兵。」乃上書：「請假專權，誅賞得便宜，嚴內外之律，寬損傷之條，剿撫不拘。」（明史紀事本末）。俾全權而機動的指揮剿倭軍事，明世宗許之，授王忬「巡撫」職，藉提高其職權。

王忬畢竟是位知人善任，有勇兼謀的能員。他到職伊始，首先加强高級將領陣容，延攬軍事人才；如俞大猷、湯克寬，均畀以「參將」，引爲心旅。又請朝廷釋放盧鏜（按鏜因朱紈案坐重辟罪），派爲「別將」，寄以重膺。繼而調徵客兵，如强悍善戰著稱的廣西「狼兵」、湖南「土兵」兼程來援。再而募集桀傲少壯，組織民軍，嚴習防禦，分隸諸將指揮，戍守臨海城堡，充實地方武力。浙江溫州、臺州等地，民性强悍，好勇善戰，王忬特地派人徵募，少壯羅致一空。

王忬部署既定，爲得士卒死力，日有犒撫，以重賞求勇夫，士氣遂而轉盛。由於王忬整軍經武，浙江沿海居民，在寇警頻傳，朝不保夕的恐佈氣氛下，驚魂甫定。

二　汪直指使日人大擧入寇

汪直於明嘉靖三十二年（日本後奈良天皇天文二十二年、西元一五五三年）閏三月，勾引日人，大擧入寇，聯艦數百，蔽海而至；浙東西，江南北，瀕海數千里，同時告警。各地文武官吏，既不能馭下，明軍亦怯懦不敢迎戰，故寇跡所至，如入無人之境，遂破昌國、臨山、霩衢、乍浦、蓁嶼、青村、柘林（均在杭州灣兩岸）、吳淞江（在江蘇）諸衞所。犯掠溫州、臺州、寧波、紹興、松陽、寧海、奉化、海鹽、餘姚、海寧、平湖、嘉興（均浙江省境）、蘇州、松江二郡、及上海、寶山、南滙、川沙、太倉、嘉定、江陰（均江蘇省境）諸州縣，王忬不欲冒功，有所隱沒，隨擊走之。

茲將倭寇大江南北，縱掠經過，擇要述之：

自寧波雙嶼梟巢，被盧鏜於明嘉靖二十七年（西元一五四八年）克服後，汪直收編許棟殘餘勢力，結砦於寧波東海的普陀諸山，整軍備舟，實力大增。明嘉靖三十二年閏三月，汪直主謀日人陷昌國衛，時出近海，擊襲軍官。王忬為摧毀賊巢，夜遣俞大猷率精旅，以迅雷不及掩耳之法，疾馳攻之，並命湯克寬率巨艘支援，逕趨其砦，縱火焚之。海寇猝不及防，倉皇搶乘艅艎四逸，官兵尾擊不捨，斬首一百五十餘級，生擒一百四十三人，焚溺死者無算。適颱風驟起，兵亂，汪直乘間率衆逃竄，「都指揮」尹鳳復以閩兵，邀擊於表頭、北茭諸洋，斬首百餘級，擒獲二百餘人。王忬上疏報捷，明世宗頒令犒師，賜以白金、錦、綺。

汪直於普陀潰後，積極整編餘衆，行踪飄忽不可測，溫州、臺州、寧波、紹興等地，均罹其患。湯克寬領軍追擊，汪直率部移舟而北，轉犯蘇州、松江二府，蘇、松為江南沃饒之區，寇至，大肆刼掠，飽載而去。

此時也，另一海寇蕭顯，狡桀異常，親率日人精銳四百餘人，大屠南滙、川沙、直逼松江、圍嘉定、太倉，又掠江陰，所經之地，斷垣敗宇，雞犬不寧，殘破不可言。王忬命盧鏜倍道掩擊，斬蕭顯，餘賊復奔入浙，陷臨山衛，轉掠松陽，為俞大猷截擊，斬獲不少。

同時，各路海寇紛紛竄擾，浙東平湖、嘉興、餘姚、海寧諸地，均遭其害。

同年五月，海寇犯海鹽，圍城數匝，湯克寬與「僉事」羌廷頤死守，未陷。繼而轉掠乍浦、澉浦、蓁嶼諸地，先後失陷。旋掠奉化、寧海，經湯克寬圍剿，始而離去。

同時，另股海寇犯寶山、陰沙、南沙等地，蘇州「同知」任環奮力破之。

「給事中」賀涇以海寇頻擾留都（按永樂十九年遷都北京，以南京爲留都）附畿，特上書朝廷，請設「總兵」，坐鎮鎮江，維護留都安全。他說：「留都根本重地，海洋密邇，鎮江、京口，乃江淮咽喉，爪步、儀眞又漕運門戶，請設『總兵』駐鎮江。」明廷如奏。

自本年閏三月起，至六月止，海寇留內地凡三閱月，始行撤退。其剽掠之廣，幾遍大江南北與浙東西諸地；衞、所、州、縣破焚者，幾三十處。當其撤退之際，俞大猷在海上截擊，斷其去路，焚舟五十艘。

海寇撤離後，明軍因轉戰大江南北日久，軍紀廢弛，廷議以將士無紀律，乃進湯克寬任「副總兵」，駐金山衞（江蘇金山縣濱海），統率海防諸軍，並擢升任環爲「僉事」。

同年七月，太平府（今浙江溫嶺縣）「同知」陳璋敗寇於獨山（溫嶺之獨山），斬首千餘，餘衆浮海東遁（明史紀事本末。）

同年八月，海寇刼金山衞、犯崇明、常熟、嘉定。據「通鑑明紀」說：「初，常熟知縣王鈇（一作秩）之官，海濱多大猾，匿亡命作奸，鈇悉貰其罪，語之曰：『何以報我』，咸請效死；乃立酋長，部署子弟得數百人，合防卒訓練。縣無城，帥士卒城之。及是倭來寇，禦却之。」

據「明史紀事本末」說：「是年，倭之寇太倉也（按指四月蕭顯所率之寇），攻城不克，分掠鄰境。有失舟倭三百人，突至平湖、海寧諸縣。自獨山敗後，倭東遁，江南稍寧。惟崇明、南沙（在崇明東北海中）失風者（按通鑑明紀以賊舟壞）幾三百人，不能去，「總兵」湯克寬，及「僉事」任環留兵守之（約在七月）。環屬兵三百，皆新募，勵以必死，不入與家人訣，為書赴之而去。親介冑臨陣，士無敢不用命者。環敝衣芒履，與士卒雜行，舍依草間，噬糒餘水同甘苦，至是相守不下（約在七八月間）。賊潛出沒，環常夜追之，出其前後，宰夫徐佩恐有失，衣環衣介馬而馳，故賊不知所取。環嘗匿溝中，賊過之不知，匿至明，士始得之。又遇矢石，士以死捍衛，環被傷，舁之至水濱，樑已撤丈餘，超而過，追急，宰夫佩留禦之死焉。佩死，環求其首，為流涕親酹之，相拒數月不克。」

同年十月，海寇犯江蘇興化，殺「千戶」葉卿，「知府」黃士弘與「指揮」張棟協力擊殲之。

同年十一月，王忬方視師閩中，海寇繼犯浙東平湖、嘉興、餘姚、海寧等縣，盧鏜等頻失利，「御史」趙炳然劾其罪，明世宗宥之。此時沿海奸民，乘勢流刼者頗衆，日人實不過十之二三耳。

三　王忬的功績與去職

王忬受命「浙江巡撫」，最是海寇猖獗時。所幸他善於用將，故俞大猷、湯克寬、盧鏜、柯喬、尹鳳等，均樂於效命，始勉挫寇鋒。章嶔的「中華通史」，謂王忬不能禦敵，筆者認為王忬在船敝伍虛的劣勢形態下，有此戰績，得來實不易矣。

王忬對情報工作，頗爲重視，廣佈諜報人員，注意沿海「大猾」行動，一經發現其爲「倭內主者」，悉捕之，案覆其家。因之，日人難測明軍虛實，與所從向往，而日船之在海中者，亦無以菽粟、火藥通，往往糧盡自遁。

王忬特別注意沿海城防，嘗行視濱海郡邑，凡無城廓者，計寇緩急，次第城之，凡三十餘所；如嘉善、崇德、桐鄉、德清、奉化、象山皆築焉。

王忬爲紓民困，凡被陷城邑，均請輕徭免賦，減輕人民負擔，此仁政也。

王忬平日又能關心民瘼，隨時隨地解除人民痛苦；如杭州官吏以烽火不時發，日集坊民登陴守，民多怨苦，王忬乃令飭罷之。他說：「吾斥堠明，毋慮勿及，奈何先敵受困耶！」一郡皆欽。

明嘉靖三十三年（西元一五五四年）三月，朝廷改調王忬爲「右副都御史」巡撫大同，以李天寵爲「僉都御史代浙江巡撫」。忬去，而浙復不寧矣。

王忬不僅是軍事家亦政治家，惟因詔言中傷，而不爲朝廷信任，終以去位，這是明嘉靖朝用人不以其才，使國家蒙受損失的又一個例子。

王忬爲何去職？王婆楞氏在其所編之「歷代征倭文獻考」中有扼要的說明。他說：「初，忬薦盧鏜爲『參將』鎮閩，閩人故忌鏜，劾鏜凶險不可用（此乃劾鏜而及忬），罷之。而沿海大猾且言：『忬令大猷搗巢非計』，欲動搖忬，忬不爲動。已而，南京各官復薦鏜，乃用鏜爲『參將』，而以大猷爲『總兵』。是則忬之去，亦閩人爲之也。」故王忬之去，亦如朱紈同出一轍，皆爲衣冠之盜排斥所致也。

明嘉靖三十八年（西元一五五九年），王忬因事得罪嚴嵩父子，「刑部」論忬戍邊，改論斬，嚴氏父子實構之。明年冬，竟死西市。直至明穆宗即位，忬子世貞等，伏闕訟怨，朝廷復王忬故官，並予卹（參考明史王忬傳）。

貳拾捌　倭寇大江南北歸有光審時制變策

歸有光，字熙甫，江蘇崑山人。明嘉靖十九年（西元一五四〇年），舉鄉試。八上春官不第。徙居嘉定安亭江上，讀書談道，學徒常數百人，稱震川先生。明嘉靖四十四年（西元一五六五年），始成進士，碩學晚成，實至名歸。

明嘉靖三十二年（西元一五五三年），汪直勾引日人大舉入寇，大江南北，遍遭荼毒，沿海奸民趁機流劫，益增匪勢。歸氏親歷其境，對倭寇之禍，身感實多，爰有「禦倭議」，與「備倭事略」之著，提供朝廷參考。

明初，凡百官、布衣，皆得上書言事，沿及明宣宗、英宗二朝，流風未替。雖昇平日久，堂陛森嚴，而縫掖布衣，刀筆掾吏，朝陳封事，夕達帝閽，所以廣聰明，防壅蔽也。迨明世宗一朝，上書言事之風，漸不如古，如言官、布衣，有迫於義，不得不言者，則仍上書如故。歸氏即以一介布衣，上書朝廷，提供制變對策者也。

筆者擇錄此一文獻，目的在藉文獻，以證史實，俾讀者能於倭寇擾明四百年後，依稀獲知當年大江南北倭禍之實況耳。

一　歸有光的禦倭議

歸氏的「禦倭議」，首謂倭寇犯邊的起因；他說：「日本前世未嘗犯邊，自前元於四明通互市，遂因之抄掠居人，而國初爲寇始甚，然自宣德以後，金線島之捷（按指劉江大勝倭寇於望海堝之捷），亦無復有至者矣。」惟查望海堝之捷，係明成祖十七年，應在宣德之前，此爲歸氏筆誤所致。

歸氏繼陳倭寇再起爲患的原因說：「今日啟戎召釁，實自中國姦民，冒禁闌出，失於防閑，事今已往，追悔無及。」

此時中國兩面受敵（北虜南倭），歸氏深知嘉靖國勢，不論財力、武力，均難支應越海征日，惟求退而自守，保境安民。他說：「所謂自守者，愚以爲祖宗之制，沿海自山東、淮、浙、閩、廣，衞所繹絡，能復舊伍，則兵不煩徵調而足。而『都司』備倭指揮，俟其來於海中截殺之，則官不必多，置『提督』、『總兵』而具。奈何不思復祖宗之舊，而直爲此糾紛也？所謂必於海中截殺之者，賊在海中，舟船火器，皆不能敵我也，又多飢之，惟是上岸，則不可禦之矣。不禦之外海，而禦之內海，不禦之內海，而禦之海口，不禦之海口，而禦之於陸，不禦之於陸，則嬰城而已，此其所出愈下也。」制敵於外海的戰術，卽以今日進步戰術觀點言之，尤其是海島國家，仍具價值也。

歸氏繼請政府賞罰嚴明，明定獎懲條例。他說：「嚴立條格，以定功罪，凡將士敗賊於海上者，爲上功。能把截海口，而不使登岸，亦以功論。如賊從某港得入者，把落之官，必殺無赦。」至身負守土之責的地方官吏，如「閉城坐視四郊之民，肝腦塗地者，以失城池論罪。」歸氏認爲政府果能賞罰有當，則「人知效死」，而「倭不能犯」矣。

二　歸有光的備倭事略

歸有光的「備倭事略」，文中所論，雖涉及蘇境爲多，但其建議，則爲全盤性質，玆介紹如次：

歸氏指證明嘉靖中葉，倭寇猖獗爲患，實因政府軍政大員的「玩愒養寇」，與地方官吏「嬰城自保」的結果。歸有光指斥「嬰城自保」說：「倭寇犯境，百姓被殺者幾千人，流離遷徙，所在村落，爲之一空。迄今逾月，其勢益横，州縣廑廑，嬰城自保，浸淫延蔓，東南列郡，大有可慮。即今賊在嘉定，有司深關固閉，任在殺掠，已非心者之用心矣！其意止欲保全倉庫、城池，以免罪責。不知四郊既空，便有剝膚之勢，賊氣益盛，資糧益饒，並力而來，孤懸一城，勢不獨存，此其於全軀，保妻子之計，亦未爲得也。」

歸氏以嬰城自保不足恃，而力主官軍相機出擊。他說：「見今，賊徒出沒羅店、劉家行、江灣、月浦等地方，其路道皆可逆知，欲密切差兵設伏，相機截殺，彼狃於勝數，謂我不能軍，往來如入無人之地，出其不意，可以得志。古之用兵，惟恐敵之不驕不貪。法曰：『俾而驕之』，又曰：『利而誘之』。今賊正犯兵家之忌，可襲而取也。」

歸氏繼擧地方官吏，不知善用士氣。他說：「訪得吳淞所一軍，素號精悍；倭賊憚之，呼之爲『白頭蟲』。去歲，宗百戶、馮百戶見倭船近城，倉卒與敵，爲其所殺，有司不加矜恤，反歸罪於二人，自後人以爲戒。」

歸氏更指責軍政腐敗，海防廢弛。他說：「城壁崩圮，半落海中。且累年不給軍糧，士皆飢疲，往往乞食道路，遂致新城失陷，翻爲賊巢，嘉定、上海之勢，日以孤危。今乞召新城失事『指揮』，令收還散卒，許以贖罪，要以厚賞，俾於賊所入嘉定，及往南翔等要路，阻隘之處，長鎗勁弩，設伏以待之。」至歸氏建議召還新城失事「指揮」，收編遊兵，戴罪立功，不失明智之見。

歸氏以官軍疲憊怯戰，建議召募鄉勇，組織民軍，保鄉衞土。他說：「新城敗散之餘，所存約二百餘人，人數寡少。乞募沿海大姓沈、濮、蔡、嚴、黃、陸等家，素能禦賊，及被其素害者，並合爲一，及往來遊擊，賊自不敢近太倉、嘉定、松江矣。且因新城之軍，俟使襲擊，城可復襲而有矣。法曰：『善守者，守其所不攻』。又曰『使敵人不得至者，害之也』。今所謂守城者，徒守於城之內，而不知守於城之外，惴惴然如在圍城之中，賊未至，而已先自困矣。畏首畏尾，身其餘幾，故脣亡而齒寒，魯酒薄而邯鄲圍。夫蘇州之守，不在於婁門，而在崑山、泰山。太倉之守，不在於太倉，而在於劉家港，此易知也。」其力持守城於城外，與驅敵於外海，均爲戰術所取也。

歸氏並預測海寇動態，與人事建議說：「今賊掠羅店等處已盡，必及南翔，賊據南翔，奪船以入吳淞江，一日可至葑門，即蘇州危矣。南過唐行，則松江危矣。今聞又至太倉、穿山等處，即常熟危矣。故欲害之，使不得至，所以爲守也。然所謂設伏爲奇兵，又時出正兵相爲表裏，而後可也。又嘉定近海，爲內地保障，其『縣令』恇怯不知兵，乞委任百姓所信向，如任同知、黃知縣、武指揮等，協力主決兵事，「知縣」備辦糧食，不得從中沮撓。倘有疏虞，則蘇、松二郡，不可保矣。」此時歸有光身居嘉定，對地方官吏才具，當所了然。

歸氏繼建議恢復海防舊制說：「考得白茆，舊有白茆寨，劉家港，舊有劉家港寨，靑浦，舊有靑浦寨，此皆前朝撥置軍士備倭之所；蓋以春夏巡哨，秋冬還衞。又白茆、吳塘、西涇、劉家港、甘市等處，各有煙墩，烽火相接，以此見往日備倭之跡，今疏闊如此，欲以一城自固，不可得也。」蓋不設水寨，無以驅敵於外海，不謹烽堠，無以明寇跡，海寇猝然來襲，官軍倉促無備，退而守城自固，終亦難保。

歸氏對海寇組成分子，加以分析，並主脅從落寇之無辜良民，許以自新，以弱賊勢。他說：「訪得賊中，海島夷洲眞正倭種，不過百數，其內地亡命之徒固多，向亦往往有被刼掠，不能自拔者。近日，賊搶婁塘、羅店等處，驅居民挑包，其守包之人，與吾民私語，言是某府州縣人，被賊脅從，未嘗不思鄉里，但已剃髮，從其衣號，與賊無異，欲自逃去，反爲州縣所殺，以此祗得依違，苟延生命。愚望官府設法招徠，明以丹書生活之信，務在孤弱其黨，賊勢不久自當解散，此古人遏盜之長策也。」歸氏此項意見，極具價値，可爲吾人今後反攻復國之參考。

最後，歸氏主張聯防，凡鄰近衞、所，尤應調發支援，共同驅敵。他說：「民間不見官府出軍，以爲當俟請旨，須大軍之至。竊見祖宗於山東、淮、浙、閩、廣沿海，設立衞、所、鎭戍聯絡，每年風候，調發舟師出海，後又設『都指揮』員，統領諸衞，專以備倭爲名。今倭賊馮陵，所在莫之誰何，但見官司紛紛抽點壯丁，及原役民快，皆素不教練之民，驅之殺賊，以致一人見殺，千人自潰，徒長賊氣，使海外蠻夷聞之，皆有輕中國之心，非祖宗設立沿海軍衛之意也。當事者，均礙文法，動以擅調軍官爲解，竊伏讀大明律，擅調官軍一款，其暴兵卒至，欲來攻擊，事有警急，及程途遙遠者，並聽從便火速調撥兵馬，乘機勦捕。若賊滋蔓，應合會捕者，鄰近衛、所，雖非所屬，亦得調發策應。若不卽調遣會合，或不卽申報上司，及鄰近衛、所，不卽發兵策應者，與擅調官軍罪同，此各衛自得調撥策應之明文也。今賊害人民，搖動畿輔，蘇、松內地城門，經月不開，百姓嗁嘅，各衛擁兵深居，賊在近郊，不發一矢，忽以百萬生靈餌賊，幸其自退，豈可得哉？夫以沿海之衛，自足備禦，今獨民兵支吾，玩愒養寇，及其必不可已，然後請調大軍。夫以民兵則氣力孱弱，以大軍則事體隆重，是虛設沿海數百萬之兵也。況大軍之至，吾民饜飽豺狼之腹已久矣。賊聞天兵旣下，倏忽遁去，雖貔貅百萬，悵望空波，徒使百姓騷然而已。乞蚤爲裁處，遵照大明律，軍政調撥策應，庶殄滅有期，不煩朝廷調動大軍，實地方生靈之幸。」

綜論明嘉靖時期，海寇猖獗爲患，不易敉平原因：一在民軍無作戰經驗；二在各衛擁兵自衛，任寇縱掠鄰近城郊，而不出擊；三在政府大軍馳援遲緩，不能應變。至於地方當局的「嬰城自保」，則種因上述原因的必然結果。前事不忘，後事之師，殷鑒不遠，幸謀國者圖之！

貳拾玖　倭勢蔓延張經節制天下之半以平寇

張經總綰兵符中外忻然

海寇猖獗日甚，蔓延日廣，海防軍隊難遏寇亂。時朝議方徵「狼」、「土」兵，以南京「兵部尚書」張經嘗督兩廣，有威恩，爲「狼」、「土」諸兵所戴服，故朝廷於明嘉靖三十三年（西元一五五四年）五月，明令張經總督浙江、福建、南畿軍務，舉凡江南、江北、浙江、山東、福建、湖南、廣西諸軍，均受其指揮，節制幾達天下之半，便宜勦討海寇。

張經開府浙江，自辟參佐，聲威顯赫，慷慨自負，中外忻然，謂倭寇不足平。

二　海寇逐月進犯明軍師出不利

當張經之任也，海寇自崇明進薄蘇州，城閉，鄉民繞城號，任環盡納之，全活數萬計。「副將」解明奮力擊賊，賊始遁去，朝廷以環功，進「兵備副使」。未久，崇德（今浙江石門縣）陷賊。

同年六月，海寇自吳江掠嘉興，「都指揮」夏光禦之，背王江津（浙江嘉興縣北）而陣，賊鼓譟直趨，官軍不敵，大潰。夏光急入舟，中流矢，溺死。

同年七月，嘉興寇轉掠松江出海，「總兵」俞大猷率舟師擊敗之於吳淞所，擒七人，斬首二十三級。

同年八月，海寇還屯採陶港、柘林（江蘇華亭縣東），進薄嘉定。恰於此時，「募兵參將」李逢時、許國，以山東民鎗手六千人至，遇賊於新涇橋，逢時率部先進，敗之，賊退據羅店，官軍追擊，斬八十餘人。許國恨逢時與同事，不約己，乃揮兵追至採陶港，乘勝深入，伏出，許國軍潰，溺水死者約千人，「指揮」劉勇陣亡。

明軍逐月失利，所幸同年九月，「總督漕運侍郎」鄭曉破寇於通州，連敗之如臯、海門，襲其軍於呂四（位通州東濱海），圍之於狼山（位於通州與海門之間），前後斬首九百餘級，賊始潰散。「通鑑明紀」對鄭曉的疊奏膚功，有所記述：「先是通州人顧表者，爲倭導，以故營砦皆據要害，盡知官兵虛實。鄭曉懸重賞，捕表戮之。募鹽徒驍悍者爲兵，增設泰州『海防副使』，築瓜州（位於鎮江江北）城，廟灣、麻洋、雲梯（均在蘇東海岸）諸海口，皆增兵設堠，故能疊奏膚功。」

同年十月，海寇犯嘉善，圍嘉興，刼秀水（在嘉興縣北）、歸安（浙江湖州），今併歸安烏程爲吳興縣），「副使」陳宗夔與湯克寬，擊敗不利，「百戶」賴華中礮死，嘉善「知縣」鄧植棄城逃奔，賊入城大掠。

朝廷以江南倭亂日熾，用「兵科」言，於同年十一月，詔令張經以「右都御史」兼「兵部侍郎」，專辦討賊。此時海寇二萬餘衆，據柘林、川沙窪，四出掠刼，其援兵又源源而至，張經因江蘇、浙江、山東諸軍，出師皆不捷，不顧輕率進軍，以待狼、土兵之馳援也。

張經自總綰軍符半載以來，江南地區剿倭軍事，頻頻失利，考其原因；一因人事不能協調；蜀、桂名將何卿、沈希儀，自恃功高，驕抗不爲用。二因新拔士卒，驃悍不任兵。三因所徵山東箭手，不受軍律。故海寇來犯，每以其所掠之人，驅爲先鋒，其法嚴，人皆效死，是故明軍屢戰屢敗。

三　杭城數千里外流血成川張濂痛陳時事

據柘林之寇，於明嘉靖三十四年（西元一五五五年）一月，奪舟犯乍浦、海寧，攻陷崇德，轉掠塘棲、新市、橫塘、雙林、烏鎮、菱湖諸鎮。復攻德清、杭城數十里外，流血成川。「浙江巡撫」李天寵束手無策，惟募人縋城，自燒附廓民居而已。張經時駐嘉興，援兵亦不時至，「副使」阮鶚、「僉事」王詢，竭力禦之，僅免城陷。

致仕「僉都御史」張濂目擊時事，痛心疾首，上書朝廷，指陳督撫玩愒養寇，貽誤戎機：

「臣本杭人，頃復家居五載，頗知倭寇始末；始以海禁乍嚴，遂至猖獗，而督撫因循玩愒，養成賊勢。夫堂堂會城，閉門旬日，已有垂破之勢，旋以意得志滿而去，更無一兵一旅，阻其去來，賊寇野心，欲如谿壑，能保其不復至哉！臣恐賊退之後，又復收拾殘傷首級，虛張功次，以欺陛下，仍有從而庇之者，則罰罪之典，又移而爲賞功之名矣。臣寓父母之邦，同舟共濟，志惟切於報君，嫌何避於出位，敢以三策爲陛下陳之：

一曰重軍法，以作積弱之氣：士惟力戰，而後克敵，亦惟畏法，而後力戰。今江南非無義勇也，迎敵九死，退走十生，何怪其有退而無進哉？軍法之行，不在行陣，而在平時，誠得必死之士萬夫，海寇百萬不足平矣。

二曰選兵，以收必勝之功：夫江南衞、所，已成虛設，地方有急，輒假外兵，餬口而來，原非義勇，掉臂而去，莫可勾查。臣愚以爲莫若盡散調募之兵，專責州縣立保伍，更番校閱，期於不擾，一旦有警，按籍而呼，共保身家，寇小至，則率衆以攻之，大至，則堅壁以守之。

三曰復海市，以散從賊之黨：夫海市舊制，原非創設，向使瀕海之軍衞如故，市舶未爲害也。惟武備日弛，不能制變，而後海禁漸嚴，倭寇乏食，海寇由之以起。惟軍民既練，寇掠則遭斬獲，交易則可保首領，彼雖至愚，必不以彼易此，然後向機，稍復海市之舊，不惟散已聚之黨，而瀕海窮民，假此爲生，又足以收未潰之人心。」

張濂所陳；罰罪之典，移而爲賞功之名，暴露督撫玩愒養寇，虛張功欠於無遺。至所陳三策；允爲當務之急，蓋不嚴軍法，士卒畏死不戰；不組民軍，地方無誓死保鄉之兵；不復海市，爭端時釁，爲海寇禍起之源。朝廷果能採納張濂之議，倭寇未足爲患也。

四　工部侍郎趙文華南行祭海兼區防倭

倭禍日甚，官軍屢戰失利，「工部侍郎」趙文華上言：「倭寇猖獗，請禱東海鎮之。」（明史紀事本末）。明世宗因用嚴嵩言，遣趙文華南行祭海。

據「通鑑明紀」說：「聶豹嘗爲華亭『知縣』，識徐階（明嘉靖朝大學士）於童子中，而嚴嵩其鄉黨，故世宗倚之甚。西北邊數遭寇，東南倭又起，豹無應變才，所條奏皆虛文。曾趙文華條禦倭七事：『首請遣官往祭海神於江陰、常熟。次令有司掩骼輕徭。次募水軍。次蘇、松、常鎮民田，一夫過百畝者，重科其賦，且預徵官稅三年。次募富人輸財力自效事，定論功。次遣重臣督師。次招通番舊黨，並海鹽徒，易以忠義之名，令偵刺賊情，因以爲豹震懾請罪，乃行文華所條五事，而力辨遣重臣、增田賦、開市禁之非。翌年春，世宗再下詔譙讓，降豹俸二級，而用嚴嵩言，遣文華祭告海神，並區處防倭。豹旋以中旨罷。」此趙文華南行祭海之由來也。

文華於明嘉靖三十四年（西元一五五五年）二月，南下祭海，並督視軍情，挾嚴嵩勢，頤指大吏，公私告擾。張經以位在其上，獨輕之，「浙江巡撫」李天寵亦不附，文華不悅，致有日後搆陷張經、李天寵之事。惟「浙江巡按」胡宗憲，厚結文華而附攀嚴嵩。

五　軍興第一功王江涇大捷

明嘉靖三十四年（西元一五五五年）三月，海寇犯江北、淮安、揚州諸處。又先後自通州之餘東場，海門之東夾港登岸，流刼狼山、利河諸鎮，及呂四、餘西諸場。復突入通州南門，燒民屋二十餘間而去。當海寇之犯揚州，「同知」朱裒敗之於沙河，殲其首，未幾，復大至，薄城東門，裒督兵力戰，陣亡。

此時，據三丈浦之寇，亦分掠常熟、江陰等地，「蘇松兵備副使」任環督保靖（湖廣土司）土兵，與王鈇、「指揮」孔燾，分領官軍、鄉團三千餘衆，破其巢於南沙，斬首一百五十級，焚舟二十七，餘寇皆遁。其中一賊舟，泊於戚家墩，爲「游擊」白泫、劉恩邀獲。江陰之寇，以常熟寇失利，旋亦出江，東去。

同年四月，廣西田州土官婦瓦氏，親率狼兵馳抵蘇州，欲速戰，張經不可，會東蘭諸狼兵繼至，江浙人心始安。

狼兵素以慓悍著稱，法以七人爲伍，每伍自相稱爲命，以首級爲上功。孝宗以後，隸於有司，遇警調用，以其性貪擄掠，調征經過之處，不許入城（續文獻通考）。

各地狼兵齊至，張經乃以瓦氏兵，隸「總兵」俞大猷部，以東蘭之南丹兵，隸「游擊」鄒繼芳部，以歸順、思恩、東莞兵，隸「參將」湯克寬部，分鎮金山衞、乍浦、閔港，犄賊三面，以待永順、保靖之土兵（均湖廣土司兵）來援。

此時也，據柘林、川沙窪之寇，分衆三千；一股犯金山，大猷失利，惟「游擊」白泫、狼兵瓦氏稍有斬獲。一股趨犯嘉興，胡宗憲中以毒酒，死數百人。

趙文華至松江，因謂狼兵可用，厚犒之，使進擊，至漕涇遇寇數百人，戰不勝，頭目鍾富、黃維等十四人俱死。寇知狼兵不足畏，復縱掠如故。

文華以寇勢日大，屢趣張經進兵，經曰：「賊狡且衆，待永、保兵至夾攻，庶萬全。」文華再三言，經守便宜不聽。未幾，永順「宣慰」彭明輔、彭翼南，保靖「宣慰」彭藎臣等，先後馳至，文華復促進軍，經對文華素鄙視，慮其「輕淺洩師期」，不以告。文華益恚，乃密奏朝廷，劾經罪狀說：「經才足辦賊，特以閩人，避賊鋒，故靡餉殃民，畏賊失機。」又惑湯克寬言，欲俟倭飽颺以報功，宜亟治以紓東南大禍。」方文華拜疏之日，適張經破倭於石塘灣，倭敗走平望。

同年五月，據柘林寇突襲嘉興，張經遣「參將」盧鏜督保靖兵迎擊。另命俞大猷督永順兵繼之，由泖湖趨平望。復以湯克寬引舟師，由中路擊之。三路官軍會師於王江涇（浙江嘉興縣北），殲敵一千九百餘人，焚溺死者甚衆，此爲軍興以來，稱戰功第一。惟據王婆楞之「歷代征倭文獻考」說：王江涇大捷，與石塘灣之捷，皆趙文華所不知。

六　海寇援兵大至猛犯留都畿地

未幾，海寇援兵大至，賊舟三十餘艘，突襲青村所。繼與南沙、浪港諸寇會合，猛犯蘇州陸涇壩，直抵婁門，敗南京「都督」周于德兵，「鎮撫」蘇憲臣被殺。旋分二股竄擾；一北掠滸墅，一南掠南塘。蔓延於常熟、江陰、無錫各地，出入太湖，如入無人之境，官軍莫能禦。

「御史」屠仲律以寇勢難抑，特上書朝廷，建議設險備防。他說：「宜守平陽港，拒黃花澳。據海門之險，則不得犯溫、臺。塞寧海關，絕湖口灣。遏三江之口，則不得窺寧、紹。扼鱉子門，則不得近杭州。防吳淞江，備劉家河，則不得掩蘇、松、嘉興。責江南守令，以訓練士兵，保全境內爲殿最，沿海沙民、鹽徒，及打生手，宜收錄併力禦寇。」（明史紀事本末）。明世宗以仲律所陳，尚屬可行，遂納其議。

所謂沙民者，卽沿海沙島島民也。又雲南之蠻族，亦稱沙人。據「滇南雜志」說：「沙人習俗多同儂人，慓勁過之。明時，調之征倭，曰沙兵。」

所謂打生手者，卽打手。據魏禧「兵跡」說：「四方行教者，藝術悉精，並諸殺法，名曰打手；如廣州、新會諸處者，勇侔於狼，故嘗雜於狼，而稱雄焉。明時，徵調狼兵，如柳州游民、嘉湖鹽販、新會打手，多雜厠其間。」

七　顚倒功罪張經論斬

當趙文華劾張經縱寇疏封發，張經適有石塘灣之捷，與王江涇大捷。會文華疏達帝閽；明世宗尙猶疑，問嚴嵩，嵩對如文華所指，且謂蘇松人怨經。明世宗聞之，不悅，下詔逮經與湯克寬二人。「給事中」李用敬、閻望雲等，以「王師大捷，倭奪氣，不宜易帥。」明世宗益怒，斥曰：「經欺誕不忠，聞文華劾，方一戰。用敬等黨奸，杖於廷，人五十，斥爲民。」已而，明世宗仍疑之，繼再問嵩，嵩陷經而偏袒文華。嚴嵩說：「徐階本江浙人，皆言經養寇不戰，文華、宗憲合謀進剿，經冒以爲功。」因極言文華、宗憲二人忠，明世宗深入其言。

至嚴嵩所以假徐階之言以排經，旨在使明世宗深信其言之不訛。蓋徐階爲明嘉靖朝大學士，以正直著稱。不過，徐階是否有言張經養寇不戰，則令人懷疑。惟筆者之見，即使徐階果有此言，或在張經部署軍事，以待狼土諸兵來援之際。嚴嵩斷章引用徐階之意，混淆其時間，容或有之。語云：「欲加之罪，何患無辭」，其信然也。

經既被逮，備言進兵始末，與王江涇大捷，前後俘賊五千，絕無養寇不戰，亦無冒功瀆職之事。惟嚴嵩在朝左右，而明世宗亦偏聽，終不納經言，部議以「縱寇罪起訴」，判張經與湯克寬死刑。

繼而，趙文華以明嘉靖三十三年（西元一五五四年）十月，嘉善棄城案，力謗「浙江巡撫」李天寵「嗜酒廢事」，而「御史」葉恩亦以北新關陷寇事，奏劾天寵「失機瀆職」，胡宗憲亦言天寵縱寇，明世宗乃怒逮天寵。

明嘉靖三十四年（西元一五五五年）十月，張經、李天寵於同日論斬，天下寃之。誠如劉詠堯將軍序本文謂「甚矣，明室將帥立功之難，而全身之不易也。」

叁拾　事權不一牽制靡定楊宜剿倭軍事一籌莫展

一　趙文華擅作威福軍心渙散

明嘉靖三十四年（西元一五五五年）五月，張經被逮，朝廷卽擢「兵部右侍郎」周珫代之。並擢胡宗憲以「僉都御史」代李天寵爲「浙江巡撫」。周珫在職僅三十四日，一無所展，趙文華劾之而薦宗憲，明世宗奪珫俸，旋勒爲民。

未幾，明世宗以南京「戶部右侍郎」楊宜繼任總督，另命文華督察軍務，鑄頒「督察軍務關防」，節制文武大吏。文華威出總督之上，易置文武大吏，惟其愛憎，楊宜因懲張經禍，曲意奉之，文華視之蔑如也。因是將士解體，寇勢日熾焉。

二　海寇流劫明軍不擊

海寇數十人，至山東日照，流刼東安衞，入江蘇境，足跡遍贛楡、沭陽、淮安、桃源（泗陽）各縣，明軍視若無覩，故其雖數十之衆，而流害千里，波及魯、蘇二省。

同年七月，海寇六七十人，自浙江上虞之爵溪所登岸，犯會稽高埠（在紹興東南），由杭州北新關西掠於潛、昌化（均浙江境），剽嚴州（今浙江建德縣）之淳安，突襲徽州歙縣，至績溪、旌德，過涇縣，陷南陵，流刼蕪湖南岸，奔太平（今安徽當塗縣），折至蘇境。所經之地，明軍不擊，任其流刼。

三　寇犯留都兵部尚書閉城拒賊

同年八月，海寇流刼至江寧鎮（江蘇江東岸），「指揮」朱襄等，縱酒失機，海寇沿鄉搶掠，轉趨秣陵關，守將羅節卿、徐承宗，望風潰奔。繼而巡犯南京，「兵部尚書」張時徹、「侍郎」陳洙等，閉城不敢出。寇紅衣、黃蓋，轉犯大安、鳳臺夾岡；越二日，出秣陵，入溧水，至溧陽、宜興（均江蘇境），聞僉大猷、任環率兵由太湖出，一晝夜竄奔百八十餘里，越武進，抵無錫，駐惠山，進至常熟之滸墅（即滸浦，在江南岸）。海寇流刼各地，未見官軍出擊，軍心渙散，將士解體，由此可知。

嘉靖中葉以來，地方政府閉城拒寇之事，雖屢見不鮮，但以留都所在，身爲「兵部尚書」，竟閉城拒賊，誠貽笑天下。言官特以「閉城縱寇」罪劾之，時徹亦上其事，語多「隱護」，「刑科給事中」邱橓劾其欺罔，朝議罷職。

四　趙文華對曹邦輔姑事牽制

自海寇盤踞惠山、滸墅二地，與柘林賊巢，形成犄角之勢，遙相呼應。「南直巡撫」曹邦輔深慮海寇會師，將為大患，乃於同年九月，親督「兵備副使」王崇古，集各部兵扼其路，四面圍堵，隨地與戰。復命「僉事」董邦政、「把總」樓宇，以沙兵協剿，寇卻奔吳舍，欲走太湖，邦輔揮兵追至楊林橋（在常熟江陰間之楊舍），盡殲其衆。「副將」何卿師潰，邦輔援之，以火器破賊舟，前後俘斬六百餘人。

此役也，海寇初以六七十人，自七月由上虞流竄始，至江蘇境賊數益衆，流刼遍歷浙江、安徽、江蘇三省，鎮所、鄉村不論，犯掠州縣幾二十，更犯留都南京，逕行數千里，殺傷無慮四五千人，歷時八十餘日，直視明軍如草芥矣。終為曹邦輔一舉殲滅，此固邦輔調度有方，而所屬將校之用命，尤為殺敵制勝的主因。

趙文華聞捷，欲攘功，趨赴之，比奏，而邦輔已先之矣，文華遂憤，欲思報復。既而，文華大集浙江與江蘇兵，與胡宗憲親將之，約邦輔合擊松江陶宅（一作陶家港）寇巢，宗憲率浙兵四千，營於松江之磚橋，分四道，邦輔率直兵（即江蘇兵），分三道，東西並進。寇悉銳猛衝浙兵，文華、宗憲兵敗。寇退，邦輔進攻之，復敗。於是寇勢復張，文華恨邦輔甚，劾以「避難擊易，致師後期」，而將敗績罪委之，並及董邦政。「總督」楊宜亦以「故違節制」，劾董邦輔罪。

「給事中」夏栻、孫濬等，以文華等過事牽制，亦上疏爭之說：「防倭諸臣，既有『巡撫』、『總兵』，又有『總督』，及都察院重臣，事權不一，牽制靡定，迄無成功。」

明世宗令「兵部」簽辦，「兵部」中覆說：「諸臣（都察院重臣）職守督察，主竭忠討倭，實礙布聞；『總督』主徵官兵，指受方略；『巡撫』主督理軍務，措置糧餉；『總兵』主設法教練，身親戰陣。至於有司，在保安地方，固守城隍云云。」明世宗雖以爲然，惟未行其言。其後仍多誅戮，賞罰欠公，未始非種因於牽制多，而更張頻也。

曹邦輔雖因孫濬之爭疏，暫得無罪，但董邦政、樓宇等，則賞竟不及，文華惡之也。此趙文華顛倒功罪，牽制靡定之又一例證。

五　寇勢猶頑狠土兵幡然爲害

同年十月，據陶宅寇，夜屯周浦永定寺，官兵四集圍攻，柘林寇則集舟四十餘艘來襲，趙文華以浙直兵迎戰，敗績。俞大猷以縱賊，責取死罪，詔立功自贖。

同月，小股寇約二百人，自浙東濱海之欒清登岸，流擾黃巖、仙居、奉化、餘姚、上虞等縣，百姓被殺者無算；旋折掠寧波，犯會稽，至嵊縣始滅，歷時凡五十日，浙東府縣被折者九。

同年十一月，海寇犯浙東舟山，趨海鹽，「指揮」閔溶等敗死。繼之南犯福建興化、泉州。此時，寇據陶宅如故，文華以官軍久無功，遂刻楊宜。

同月，「游擊將軍」曹克新，以川兵邀擊周浦寇，斬百三十級。

同年閏十一月，陶宅寇與川沙窪寇擬謀會合，官軍日夜擊之，於是海寇自焚周浦巢，出海，俞大猷、王崇古追剿之於老鸛觜（位蘇東海中）焚賊巨艘八，斬獲無算，餘賊奔往上海、浦東。

自王江津大捷之後，狼土諸兵卽漸驕縱，加以楊宜統馭無方，狼土兵遂不聽節制，所經之地，大肆焚掠。倭患未除，而狼土兵禍已起，虎狼交侵，禍患相尋，上下苦之，而民益困矣。言官有以狼土兵殃民成患，請究治，部議顧慮「狼土兵新有功，遽加罰，有失遠人心。」而以「宜諭責之」了事。並令浙江、山東二省，勤練鄉勇，自保地方。為懲狼土兵禍，此後不輕易徵調矣。

六　客兵之禍

狼土兵桀傲難用，而海寇之勢，方興未已，楊宜乃於同年閏十一月，請募江蘇義勇、浙江處州坑兵（卽礦工）、山東箭手，益調江蘇、浙江、福建、湖南、湖北、廣東、廣西漕卒，河南毛兵來援。俟各省客兵大集，而楊宜不能馭。四川兵與山東兵私鬥，幾殺參將，軍紀敗壞。趙文華以客兵可用，督酉陽兵（卽四川土兵）擊海寇於嘉定高橋，甫經交戰，酉陽兵卽潰，文華倉皇奪舟逕歸蘇州。

客兵繼狼土兵之來，雖無一戰之功，但其殃民則有過之。故「明宗臣集」有謂：「客兵之禍，甚於寇盜，寇之害，猶有方也，客兵者，無不及矣。寇之至，人猶得杖梃逐之，客兵者殺人，而人不敢怒而訴也。卽有訴，反益之禍也。」東南百姓在此虎狼交侵之下，亦云苦矣。

七　官逼民反鋌而走險

海寇當前，狼土兵翻然成患，客兵大至，騷擾更甚。楊允繩以楊宜號令不行，慨然上書，揭露風紀莫振之由說：「近者，督撫命令不行於有司，非官不尊，權不重也。督撫蒞任，例賂權要，名謝禮。有所奏請，伍以苞苴，名候禮。及俸滿營遷，避難求去，犯罪欲彌逢，失事希庇護，輸賄載道，爲數不貲。督撫取諸有司，有司取諸小民。有司德邑以事上，督撫靦顏以接下，上下相蒙，風紀莫振。不肖吏又乾沒其間，指一科十，子遺待盡之民，必將鋌而爲盜，隱憂不止海島間也。」（通鑑明紀）

楊氏之論，無異是明嘉靖朝之官場現形記；政治之腐化，賄賂之公行，躍然紙上矣。百姓刼後餘生，既遭狼土兵與客兵之洗刼，又遭地方官吏的重課剝削，處此水深火熱之中，生既不能，遂鋌而走險，聚夥流刼。故海寇每以數十之衆，竟而流刼數省之廣，其勢力愈刼愈大者，即因良民之不堪生活煎逼，落寇所致也。此爲嘉靖中葉，東南沿海寇勢蔓延日廣，勦不勝勦的癥結所在。由於沿海百姓紛紛落寇，故此一時期海寇，華人約佔十之七八，而日人僅有十之二三也。王婆楞說：「時沿海諸奸民乘勢流刼，眞倭不過十之二三。」即指此而言。

八　軍事失利楊宜遣使至日請禁賊民

楊宜指揮勦倭軍事，顧此失彼，師久無功，朝廷時有責言。楊宜於無可奈何的情形下，派遣鄭舜功赴日，促禁賊民入寇。

鄭舜功抵日本肥前平戶，訪晤守將大友義鎭，詰以「通好久矣，何擾吾邊疆，虔劉吾民？果是賊民，亟見禁戢。」大友義鎭旋轉報幕府，「將軍」足利義輝（義晴之子）命諸府會議；「大和守」三淵藤賢說：「方今我國所在皆用兵，往怨大國，甚爲不便，請從應安（按應安爲日本北朝後光嚴天皇年號，當南朝長慶天皇之時）例，嚴爲制戢。」義輝從之，乃命「能島、久留島、因島諸兵，檢點海舟，剿捕兇奸。」惟日本此時國內戰亂日烈，戰火不息，自顧不暇，故決而未行（參考日本國志）。事在嘉靖三十四年（日本後奈良天皇弘治元年、西元一五五五年）。

九　師久無功走馬換將

趙文華知海寇蔓延，一時無法肅清，適川將曹克新破周浦寇，俞大猷又有老鸛嘴之捷，於是嘉靖三十四年（西元一五五五年）十二月，僞稱「水陸成功」，請求還都。惟海寇於老鸛嘴敗後，復退據浦東、川沙窪，與嘉定高橋寇，頑抗如故。

此時也，蘇州新場淪於寇手，「蘇松兵備副使」任環，與「都司」李經親率永順、保靖土兵，往攻之，賊衆二千，埋伏不出，詐令其黨舉火於數里之外，若將引去者，保靖土官彭翅，誤以海寇離去，先入嘗之，繼而永順土官田菑、田豐等爭入，中伏皆死，寇冢突去。

未幾，海寇復攻上海，任環以輕兵三百擊敗之於五里橋習家墳。又以兵援崑山，而身間行抵太倉、毛家、葛隆諸屯，賊方會集，治攻具衝梯、隧道肉薄而登，環率死士飛刃砍之，連碎其首，矢石交下，相殺傷甚衆。又縋兵下，突而前，賊漸氣奪，遂棄委走。

明嘉靖三十五年（西元一五五六年）一月，官軍擊寇於松江，敗績。

同年二月，趙文華返抵北京，慚言「餘寇無幾」。惟「御史」邵惟忠以新場敗訊相奏，明世宗始疑文華之言，乃召之以對，文華爲脫卸責任，遂嫁禍於人，揑稱：「賊易滅，督撫非人致敗，臣昔論邦輔、（夏）栻、（孫）濬遂媒孽臣，東南塗炭何時解？」繼而「盛毀楊宜」。「巡按御史」周如斗亦以敗狀劾宜及邦輔，明世宗遂褫奪宜職閒住，因宜在職時詔事文華，故得禍較輕。明世宗復詔繫邦輔，謫戍朔州，雖有「御史」張雲路爲之論奏，但終不報。附按明隆慶元年（西元一五六七年），楊博爲「吏部」，起邦輔「左副都御史」協理院事，進「兵部右侍郎」理戎政。明萬曆元年（西元一五七三年），致仕去。居三年卒，贈「太子少保」。邦輔尚廉峻，自吳中被逮時，有司上所儲俸錢，揮之去。歷官四十年，家無餘資，撫、按奏其狀，詔遣「右評事」劉叔龍爲營墳墓。是邦輔者，不愧濁中清流，男中丈夫，一廉吏也。

楊宜罷職後，趙文華欲擧胡宗憲代宜，但「吏部尚書」李默則力推王誥，文華因指默爲張經里人，思爲報復，又告默誹謗，終因嚴嵩在朝左右，默竟瘐死獄中。朝廷遂以胡宗憲爲「兵部侍郎代總督」，以張景賢代曹邦輔爲「蘇松巡撫」，以阮鶚代胡宗憲爲「浙江巡撫」。又以「浙江總兵」劉遠，視事數月，一無戰績，命俞大猷繼爲「浙江總兵」。

叁拾壹　胡宗憲智勝徐海陳東浙蘇略平

一　徐海引寇分犯浙蘇

徐海爲杭州虎跑寺僧，不守清規被逐，時汪直稱霸海上，遂往投奔，遠帆走私，獲利至鉅。未久，雄據海上，稱「天差平海大將軍」，深爲汪直器重，倚爲心腹。

明嘉靖三十五年（日本後奈良天皇弘治二年、西元一五五六年），徐海導引大隅、薩摩二島日人，與其賊黨，分掠瓜洲（今瓜埠，在江蘇六合縣東南）、上海、慈谿。繼而，海自領一萬餘人，往攻乍浦。其親信，陳東（按爲薩摩島主弟書記）、麻葉等人俱參與。令其黨自焚其舟，示無還決心。「總督」胡宗憲時駐節塘棲，「浙江巡撫」阮鶚屯兵崇德，成犄角之勢。

徐海趨皂林，遇「游擊將軍」宗禮、「裨將」霍貫道，爲宗禮軍所敗，斬賊首七十餘級。連戰皆捷。

會賊哨自樹頂窺探，見宗禮孤軍陷水濱，偵之無援兵支應，徐海乃縱兵圍擊，宗禮、貫道、侯槐、何衡諸將，力竭敗死。

宗禮，常熟人，由「千戶」，歷署「都督僉事」，驍勇敢戰，曾練箭手三千，屢戰有功。皂林之役，徐海畏之，辟易稱爲「神兵」云。按皂林之役，「明史胡宗憲傳」謂宗禮之出擊，係阮鶚所遣，查與事實不符，說明見後。

二　桐鄉被圍阮鶚馳書胡軍門急救危城

宗禮敗訊傳抵崇德，阮鶚知桐鄉危急，乃退往據守，胡宗憲以阮鶚自崇德撤師，遂致孤弱，繼亦還師杭州。

徐海擊敗宗禮，趁戰勝餘勇，圍攻桐鄉，阮鶚與「知縣」金燕死守待援。惟桐鄉被圍幾將一月，而援軍仍不至，鶚乃募得一卒，給與厚賞，令伏兵而出，持書送宗憲，請急調兵馬策應，以解桐鄉之圍。

阮鶚身陷危城，對宗憲按兵不救，頗多指責，其函中有謂：「賊圍城已二十餘日，初七日，始接手教，弟非敢於輕率，使當時左顧右盼，遲到一刻，今無桐鄉矣。錢燦（按錢為桐鄉硤石人，於去歲嘉興之役，救胡宗憲於北麗橋，至是恃功肆惡，刼掠無憚。繼與生員胡許等倡亂，於硤石起事，旋走太湖，入海寇黨。）諸賊，引而據為巢穴，弟恐兩浙不能高枕而臥也。弟之來桐鄉，亟亟為生民之計耳（按此係阮鶚為撤守崇德之解說，蓋崇德之撤，胡宗憲失犄角之勢，宗憲對鶚之不滿，亦意料中事）。至於宗禮、霍貫道，原奉兄調去嘉興，適與賊遇，一戰而死（按此可知宗禮非阮鶚所遣，阮鶚藉此卸脫戰敗之責），此亦分之所宜，非弟之力所能調也。朝廷遣將，本為擣巢，今巢賊（按此時柘林、乍浦、烏鎮、皀林，皆為海寇所據）犯浙月餘，大兵按而不擧，弟實未解。昨東門、南門，賊夥洪東岡，係漳人，黃侃係浙人，兄舊年、今年，曾令蔣洲、蔡時宜、潘一儒呼他來通貢，而不加兵。今又朱朝鳳等入杭，吾兄再講前事，當此危急而不加兵，甚與賊言相合。若果如此，禍害且不論，又是宋家和議，弟死不敢與也。弟之輕躁，不過去官，不救桐鄉之難，又干滅族之誅。且晝夜攻城，半月不解，其使來者，本非有求貢之意，不過緩官兵之追，以困桐鄉耳。兄將浙江巡撫衙原募義兵，原選正兵，俱付與弟，則今日之危，不悔矣。舊年滅賊，卽此兵也，何今遽謂之弱乎？而不與旗牌、關防，並交代耶？且處兵（按卽處州兵，處州亦名括州，今浙江麗水縣）不過三千，乃乍浦久困漸甦之卒耳；今調二千浙東，以解餘姚之圍，調一千崇德，以阻犯杭之路，至於水兵不能隨戰，兄所知也，此外更無兵矣。昨桐鄉外柵敵臺，內柵城牆，而賊人雲梯、雲樓、望高臺、銅將軍，凡自古攻城之法，無不備矣。兄何忍棄弟至此，不以憂國家爲念，保城池爲心，而反以宗家好兵爲詞，恐非豪傑本心也；禍福自有天命，不當推避如此。心在社稷，不暇他顧，冗中布恍，不忍終默。」（鹽邑志林）。

讀此文一則可窺浙境軍事部署大概；二則可知胡宗憲卸任浙江巡撫交代不清，尤以部隊武力，未能隨同移交，爲阮鶚不滿；三則可知阮鶚迂闊，應變無由焉。

胡宗憲得阮鶚書，並未馳援，蓋宗憲此時正計議離間徐海，欲不戰而解桐鄉之圍，因恐事洩，未向阮鶚言明，當益增鶚恚也。

三　胡宗憲計解桐鄉之圍

阮鶚困守桐鄉，情勢岌岌可危，繼而徐海、陳東等，又自嘉興趨賊圍攻桐鄉，阮鶚益不支，城破旦夕。胡宗憲以賊衆勢銳，不能力勝，惟有智取，遂謀離間其黨，俾收各個擊破之效。

宗憲計議既定，即遣說客夏正（時任指揮）持汪澂（按澂爲汪直義子，直因宗憲勸請歸順，特囑澂來杭，與宗憲洽議歸順，時在總督衙內服務。詳見下文胡宗憲智鬥汪直與明廷的殺降）書，至徐海營中，勸說歸降。徐海時正重病，見汪傲之邀降函，大驚，急詢夏正：「老船主（按指汪直）亦降乎？」夏正即趁機進言，海信以爲眞，遂有歸順之意。他對夏正說：「兵三路進，不由我一人也。」夏正僞稱：「陳東已有他約，所慮獨公耳。」徐海聞悉陳東先已與官軍謀，益堅其志矣。惟此時夏正並未與陳東有約，陳東知徐海營中，有胡宗憲使者，大驚，由是陳東、徐海互相猜疑，隙自生矣。

既而，徐海遣使至杭，謁宗憲，表謝意，並索財物，宗憲報如所請。海亦歸還俘擄二百人，並私語桐鄉守兵說：「吾已款督府矣」，爲城東門之陳東黨探悉，善備之。是夕，徐海率衆道崇德而西，陳黨以勢孤，又慮海與官軍有另謀，不敢戀戰，留攻一日，旋即引去，退返乍浦。於是桐鄉之圍，不費一卒一戟之力，輕易而解，此宗憲智勝者也。

桐鄉圍解，阮鶚知徐海勢壯，非其對手，乃東渡錢塘禦他賊。

四　江北寇情緊急趙文華二次南行督師

同年四月，海寇犯瓜州，圍通州，復自狼山轉掠瀕江諸郡，留都情勢危急。「御史」邵惟忠乃於五月，奏請戮力靖難。奏議說：「倭薄通州圍未解，餘衆自狼山轉掠瀕江諸郡縣，而瓜（州）、儀（眞），爲留都門戶，鎭（江）、常（熟），乃漕運咽喉，不可視爲緩圖，宜大集兵，敕諸臣靖難。」

明世宗旋交「兵部」議覆，「兵部」的意見是：「請調河南睢陳，及山東八衞、陝西延綏兵，及徐沸募兵。敕遣才望大臣一人總督，以爲犄角，保障留都。」明世宗屬意「兵部侍郎」沈良才任總督，嚴嵩揣知明世宗已覺趙文華欺罔，且將見譴，特密囑文華自以其意，請復視師。並向明世宗進言，謂良才不堪勝此大任，江南人引領望文華至。明世宗乃止良才，而命文華以「工部尙書兼右都御史」總督浙（江）、福（建）、直（江蘇）三省軍務。

文華既至浙，假監督權，凌脅百官，搜括庫藏，動以百萬計。胡宗憲藉文華爲內援，故「詔奉無不至」，文華實不知兵，而宗憲才華卓越，尤擅軍事，且對寇情瞭解特多，文華倚之甚，二人締交，遂益固焉。

此時朝廷特令兩浙、江蘇、安徽、福建、廣東等省，加緊徵兵、集餉、留漕粟、除京帑、給鹺課，苛捐雜稅，紛至沓來。又復苛擾百姓；諸如迫富民、脫兇惡，甚而濫授官職，公然行賄，政風敗壞已極，外患固未一日寧息，而內憂則與日俱增矣。

五　江浙皆被寇胡宗憲智取徐海陳東

此時兩浙、江蘇均被寇，兪大猷與盧鏜，雖於同年六月，分別破寇於黃埔江與澎溪，但寇勢迄未稍挫，其中以浙東慈谿，所遭焚殺獨慘。

王忬任「浙江巡撫」時，計城各邑未城者，慈谿士人獨持不可。至是，海寇入慈谿，「知縣」柳東伯不知所禦，急攜印組棄城而去。海寇殘殺民人無算，而縉紳尤甚，邑人始悔失計。繼而，邑人杜文明被僉爲「部長」，團結鄉勇，與子「省祭官」杜槐敗流賊於王家團海道。「兵備副使」劉起宗委文明守餘姚、慈谿、定海，槐傷父老，以身任之。未幾，遇賊於白沙，一日三戰，殺賊三十餘人，斬其一酋，槐被創墜馬死。文明別將兵，擊寇於演武場，斬白眉日酋一、從七，生擒一，寇驚遁，呼爲杜將軍。無何，文明追寇至奉化楓樹嶺，以兵少無繼，陷陣死。

浙東倭禍固重，而浙西寇勢更大，如柘林、乍浦、烏鎭、皀林諸地，均爲所據，其前後至者，達二萬餘人，朝廷以兩浙患倭，令胡宗憲急謀救平。

宗憲以寇勢銳甚，知不能力克，乃採以寇制寇之策，使其自相殘殺，藉收漁人之利。因使人語徐海：「若已內附，而吳淞江方有賊，何不擊之以立功？且掠其舸爲緩急計（按徐海來犯浙、蘇之初，已自焚其舟，海現乏舟，宗憲特誘其掠舟，以動其心。）海以爲然，乃逆擊吳淞江之寇於朱涇，斬首三十餘級。宗憲知海得逞，即令兪大猷潛焚其舟，以絕其路。徐海情知有變，心怖，以弟徐洪來質，並獻所戴飛魚冠、堅甲、名劍，及古玩珍品。宗憲善視徐洪，令囑乃兄縛解陳東、麻葉，當許以世爵。既而，海果縛麻葉以獻，宗憲解葉縛，因僞葉書致東，令圖海，書故達於海所，海怒，更疑陳東。宗憲又以簪珥贈徐海之女侍翠翹、綠珠二人，令日夕說海縛東，徐海益惑矣。

此時，趙文華方治兵擬擊海，宗憲謂：「彼且縛陳東，何戰爲？」文華始止兵。徐海因疑陳東不利於己，乃重金厚賂日本薩摩島主弟，計縛陳東來獻。自是徐海之勢孤弱，旋率其黨五百人去乍浦，營於梁莊。

同年七月，宗憲遣師攻乍浦，並焚賊巢，斬首三百餘，焚溺死傷甚衆。徐海自念有功，又中羅龍文（按龍文爲汪直姻親，後與嚴世蕃以通日罪，俱被誅。）之說，遂決計歸降。

同年八月，趙文華、胡宗憲、阮鶚等集師浙江平湖。海先期猝至，留甲士於平湖城外，親率酋長百餘，胄而入。文華、阮鶚懼，欲勿許，宗憲强許之。俄而，徐海等入大堂，俯首叩頭，復謝宗憲，宗憲下堂摩海頂，慰之說：「朝廷且赦若，愼勿再虞。」海出，知官兵四集，大疑，宗憲使人慰之，告以官軍之集，乃防東黨，囑勿恐。

徐海自擇沈莊屯其衆，沈莊東西各一，以河爲塹，海請居東沈莊，宗憲以西沈莊處東黨。

胡宗憲侯徐海與陳東黨安營既定，旋令陳東致書其黨說：「督府檄海，夕擒若屬矣」，東黨得書懼，乘夜將攻海，海急飭稗將辛五郎（按爲日本大隅島主弟）歸請救兵。此時，趙文華調兵六千已至，移營進薄沈莊，督之甚急，但宗憲「猶心憐海」，不欲遽戰，文華迫之，宗憲乃與俞大猷整師進擊。海知官軍有變，掘深塹自守，柵數重，官軍望之不敢入，阮鶚檄趨之，大猷乃從海鹽進攻東沈莊，破之，又追擊於梁莊，會大風，縱火鼓譟乘之，賊大潰，斬獲一千六百餘級。徐海挾翠翹、綠珠倉皇避走。翌日，永順兵馳抵，攻之益急，徐海溺水死，羣賊無首，大潰。

六　浙蘇寇平朝廷祭廟

徐海敗亡，浙、蘇寇患稍息，胡宗憲馳書報捷說：「臣胡宗憲爲恭仗天威，蕩平巨寇，飛報捷音事：該職會同『提督軍撫都御史』阮鶚，勘得賊首徐海等，勾引倭夷，連年流毒浙、直地方，昨歲蒙我皇上，俯念東南重地，財富奧區，特勅『侍郎』趙文華祭告海神，果仗玄威，遂有王江涇大捷。比時海雖遁去，逆心未改。今年復率倭賊萬餘，糾同新場賊首陳東等，擁衆攻圍乍浦，遂及桐鄉。職因援兵未至，多方用間，廣佈疑兵，與『都御史』阮鶚，及『中書舍人』羅龍文計議，密遣『通事』邵丘山、陳欽、童翠峰、高香、朱尚禮等，入巢牒諭，離間腹心，使之自相疑畏，徐間襲滅。復蒙皇上軫念元黎，再遣『尚書』趙，統領天兵來援浙、直，竭忠殫力，振揚天威，所至克捷，先聲大振，海等益加畏懼。

一七月，至嘉興，會同職與阮等，因機用計，令『中書』羅龍文、『贊畫』蔡時宜、『千戶』金丹，入巢誘降，離散其黨。密授北來諸將方略，及乍浦城內官兵內應，乘其半渡，水陸夾擊，遂有乍浦之捷，於八月初一日，職等題報訖。

本（八月一日）日午時，徐海率倭乞降，比時職等以餘倭未殄，永保官兵未至，欲養全力，收功一舉，姑令其回候處分。間海復收殺遯零倭，潛移沈家莊屯駐（按徐海屯駐沈家莊，事先經宗憲同意者，而此奏則謂徐海潛移，蓋在卸責，以免朝廷責其擅讓賊人屯紮。）日聽姦民煽惑，謀拒自全。該

『尚書』趙與職等會議，此賊不滅，禍根不除，屢差『指揮』李昂、王詔、『監生』謝德行、施良臣等，『行催都司』李經，統領永順、保靖二司官兵，前至平湖，會集諸路主客官兵，於本月二十日啟行。『兵備』劉燾督催官兵，直抵賊巢，『永順宣慰使』彭翼南、『游擊』尹乘衡、『守備』朱蔭、夏時軍其西，以原任『參政』孫宏軾督之。『保靖宣慰使』彭藎臣、『應襲冠帶舍人』彭守忠、『總兵』徐珏、『參將』唐玉、左灝軍其東，以『兵部郎中』郭仁、『中書』羅龍文督之。『留守』朱仁、王倫、『統領』容美、『宣撫』田九霄、『把總』郭儒軍其南，以『工部郎中』陳茂禮督之。『游擊』曹克新、『指揮』楊永昌、沈希渭、陳光祖、『統領』致仕尙寶、司卿史、陸家兵、原任『都司』戴仲霄、朱文、『把總』朱先、『百戶』沈應潮、『鎭撫』季成、『立功官』羅希韓、盧鉞軍其北，以『副使』徐洛督之。『參將』丁僅、『把總』欒塤統領處兵爲奇遊，以『同知』張文顯督之。又行『戶部郎中』陳惟擧、『參政』汪柏，督理糧餉。『僉事』李如桂，督理軍器船隻。『知府』盧孝達、宗治、『知縣』張烈、『千戶』曾勇，督放灰瓶火礮。『百戶』胡漢管放發熕。『通判』顧旻供應餽餉。『知府』溫景葵、黎導訓、『知縣』王察言、金燕，各率鄉兵把守關隘。復差『應襲舍人』管懋先、『生員』沈遷、徐藻、祝延宣、周大韶、『武生』朱見、王彪等，齎捧旗牌，分投督催。『直隸提督』張（景賢）督發『參將』樓宇、『宣撫』田九霄、『通判』韓崇福、『主簿』曹廷慧、『千總』車良等，水陸官兵，齊進策應。職同『尚書』趙、『提督』阮，臨陣親督，四面攻圍，賊負險不出。至二十三日，督令彭翼南設伏誘賊，擒斬倭級二十一顆。至二十五日，職等督令各該官兵，鼓譟齊進，直擣巢穴，卿史、家兵、段天恩等從東，職標正兵從西，『永順長官』汪相、向鑾從北，四面放火燒巢，自寅至酉，連戰數十餘合，各賊大敗，擒斬一千二百餘名顆，焚死倭賊不計。賊首徐海藏伏小溝，各兵重圍達旦。至二十六日辰時，搜巢，徐海率領倭賊數十，持刀督戰，當被永順把總官兵汪浩、田有年等，就陣斬首（按「明史胡宗憲傳」謂徐海係投水溺斃；「鹽邑志林采常吉倭變事略」謂：九月八日，引斬海屍。故宗憲所奏與文憲有異，筆者不採奏議），餘賊一時盡滅，俱赴『浙直巡按御史』趙，轉委『推官』方敏、郭嵩、何至紀驗訖。

「職惟倭寇之性，蠢如禽獸，若非內逆主謀勾引，豈敢連年深犯。恭維皇上明見萬里，嘗謂內逆不可不除，職等仰體聖心，加意緝訪各逆姓名。惟名山和尚，今知名徐海者，尤係首惡，去年節，曾榜示募能擒之人，懸以重賞。及陳東、麻葉、吳西、王七、胡四、戴二、董一、董大、王亞六，各爲賊首，每夥不下數千百人，亦嘗出榜募人擒捕，今皆仰仗玄威，神輸鬼運，盡歸羅網。雖瀚海浩渺，夷種繁多，不能保其將來，然天討所臨，而勾引首逆，一時盡滅，則逃者有所懲創，而聞者莫不震懼矣。且七月二十九日進兵，八月二十五日平賊，功收神速，人力何至於此，且適當聖誕之期，東南士民，鼓舞歡呼，擧手加額，頌祝萬壽，皆我皇上保愛萬民之德，昭格上玄，蕩平百蠻之威，遠敷滄海，實非職等所能與也。」（鹽邑志林）。

讀宗憲之奏摺，可知殲海之役，官軍部署周密之一斑，惟所述交戰經過，與其他各書所載，稍有出入，蓋此爲官式文書也。

同年九月八日，斬麻葉、陳東、徐洪、辛五郎（按辛於出走時被捕），又引斬徐海屍，於嘉興北敎場（鹽邑志林釆常吉倭變事略）。

此時，浙東仙居，浙西桐鄉二地之寇，業已略平，而江北有海門之捷，其流入江南者，「總兵」徐珏有常鎭之捷，繼之蘇州、松江、寧波、紹興各地，亦先後奏捷。

明世宗因浙、蘇寇平，大悅，舉行告廟禮，酬謝天地。並以胡宗憲、趙文華平倭功，分別晉「右都御史」、「少保」，復賜金幣。又以嚴嵩贊畫有功，特賜兼支「尚書」無謝。

七　黷貨要功趙文華遭譴鬱死

趙文華於浙、蘇諸寇略平之後，旋被召返京。已而，明世宗頗聞文華視師江南，有「黷貨要功」諸事，因思逐之。

明嘉靖三十六年（西元一五五七年）七月，文華有疾，明世宗遂奪其職（參考明書）。文華故病蠱，及遭譴，疾益沈重，鬱鬱而死。「通鑑明紀」對文華的死狀，有簡略的描敘：「黜文華爲民，戍思懌邊衞。文華故病蠱，及遭譴，臥舟中意邑，不自聊，一夕手捫其腹，腹裂腸腑出，遂死。」想當年此一炙手可熱之權勢人物，富貴浮雲，竟不能善其終，此爲弄權者戒也。

叄拾貳　江北倭患復起明設巡撫督理江北軍務

一　江北倭起與劉顯的殲賊

自徐海等授首，明軍在江北繼有海門之捷，於是江北倭患暫息，惟至明嘉靖三十六年（日本後奈良天皇弘治三年、西元一五五七年）四月，江北倭患又復再起，先後犯丹陽、如皋、海門，攻通州，掠瓜州，燒漕船。

同年五月，掠揚州、高郵，陷寶慶，犯徐州，入山東界。其一股轉犯安徽之天長、盱眙，攻泗州（泗縣），再轉犯江蘇淮安。

南京「兵部尚書」張鏊以江北各地，頻受侵擾，特檄「參將」劉顯，坐鎮浦口擊賊。

同年六月，劉顯測賊將遁，偕「兵備副使」于德昌，追擊於安東（江蘇漣水縣），時方盛暑，顯披單衣，領四騎誘賊，命精甲伏崗下，賊出，斬一人，顯所乘馬中矢，下拔其鏃，射殺追者，誘至崗下大敗之。賊出所俘女子蠱將士，顯悉送有司。明日，伺賊出，潛燬其舟，賊敗，覓舟欲走，惟舟已焚，死者無算（參考通鑑明紀）。

二　李遂督理江北軍務

江北乃漕運大道，軍需民食賴以運輸調濟，今者，海寇肆掠無憚，「督漕都御史」無暇辦寇，特請朝廷增設巡撫，專責討賊。

朝廷以江北安危，關係民生至大，乃於同年十月，命李遂以故官（按遂原任右僉都御史）巡撫鳳陽（今安徽縣名）四府。此時，淮揚三中倭，歲復大水，且日役民輓大木，輸京師。李遂於視事後，即請餉增兵，恤民節用，次第畫戰守計（參考通鑑明紀）。

叁拾叁　胡宗憲智鬥汪直與明廷的殺降

明嘉靖末葉，海寇荼毒大江南北，而其幕後主使者，汪直是也。他「隱身坐遣諸寇」，運籌帷幄，故識者有謂：「東南雖知汪直之叛，而不知受禍之慘，皆由直者。」是知汪直實爲禍國殃民的罪魁。

一　汪直的身世

明嘉靖初葉，海禁少懈，沿海貪利之徒，往來海上，遠帆日本、暹邏（今泰國）各國，與其國人私相貿易，繼而「誘帶日本各島貪倭，藉其强悍爲羽翼，亦有糾合富貴倭奴，出本附搭買賣，公爲雄長。」此輩中人，以皖人許棟、閩人李光頭爲首，聲勢頗大。他們擁衆盤踞於寧波的雙嶼，公然武裝走私，官軍力不能禁。

有汪直者（「閩書島夷志」，及「鹽邑志林」均稱王直），號五峯，徽州人，自少「落魄任俠」，既壯，饒「知略」，喜「捨施」，以故一時惡少，如徐惟學、謝和、方廷助等，皆與之結合，建立一惡性流氓集團。汪直懷異志，嘗謂：「中國法度森嚴，動輒觸禁，孰於海外逍遙哉！」及聞鄉人許棟在雙嶼廣殖黨羽，乃投奔依附。由於汪直「沈機有勇略」，在人才貧乏之梟群中，自易出人頭地。未久，即獲許棟賞識，身價大增。

明嘉靖二十七年（西元一五四八年）三月，「浙江巡撫」朱紈遣「指揮使」盧鏜擊破雙嶼，許棟被擒，汪直乘時收編餘衆，避往瀝港，積極整頓，旋被衆賊推爲首領。繼而，火併橫港魁陳思盼，接收其衆，從此勢力茁壯，稱雄海上。

汪直羽毛既豐，乃遣徐碧溪、徐永亮、葉宗滿等，載運硝黃、絲綿等違禁物品，運往日本，及東南亞各國走私牟利，間而，趁虛截刼外船。五、六年間，驟成鉅富，外人信服，稱「五峰舡主」。

汪直又招聚亡命徐海、陳東、葉明等，爲之收領。領貲勾結日人門多郎、次郎、四助四郎等，爲之部落。又有從子汪汝賢、義子汪滶等爲之腹心，因而「威望」益著，人共奔走。或以時鮮相贈，或以酒米餽之，或以子女爲獻。甚至邊衞官亦贈紅袍玉帶示好，尤有甚者，以禦賊爲職司的「把總」張四維，竟向汪直拜伏叩頭，甘爲臣僕。法禁不存，官箴掃地矣。

二　汪直縱寇殃民

汪直侵犯內地始因，在其剿滅日本五島夷亂，因不滿海防將官所爲，憤而沿海肆擾。據「明書亂賊汪直傳」說：「直欲示威諸夷，會五島夷爲亂，直素憾之，欲藉以報，遂請於海防將官，出兵剿滅之。且宣言我有功朝廷，希重賞。時將官與之米百石，直詬曰：『我何以此爲哉？』投海中去，且怨之，遂頻侵盜內地。」

讀此傳記，汪直入寇，固其惡性使然，但海防將校不能善撫於初，亦爲最大之失策也。

當汪直初起入寇，因缺乏戰場經驗，對官軍尚存顧忌，惟與「參將」俞大猷交烽，大猷以舟師數千圍之，直以火箭迎戰，官軍大敗。從此，汪直益驕，目無官軍矣。繼而，模仿官軍編制，整訓部衆。加强海上武力，重建巨艦；其艦「聯舫方一百二十步，容二千人，以木爲城，爲樓櫓四門，其上可馳馬往來。」「汪直繼之定都於日本薩摩島之松浦津，號曰「京」，自稱「徽王」。日本「三十六島之夷，俱從指揮。」擁有「夷漢兵十餘道」，實力大增。又復部署官屬，控制要害。此後，出沒海上，頻頻刼掠，東南沿海居民，無寧日矣。

明嘉靖三十一年（西元一五五二年），汪直親督海寇大擧來犯浙江黃巖，官軍望風逃匿，居民驚惶四避，黃巖尋陷。海寇於城內焚殺七日，始滿載而去。此時也，汪直衣緋袍玉帶，金頂五簷黃傘，其頭目人等，俱大帽袍帶，銀頂青傘，侍衞五十人，俱金甲銀盔，出鞘明刀，坐定海操江亭上，稱「淨海王」，其八面威風，南面稱「王」的氣慨，已遂其「消遙」之志哉。

明嘉靖三十二年（西元一五五三年）三月，汪直更指遣諸寇，發動全面攻勢，動員巨艦數百艘，蔽海而至，浙東西，江南北，濱海數千里，同傳寇警，遂破昌國衞，陷上海城，流刼乍浦、金山、崇明、常熟、嘉定等地。

翌年，掠蘇州、松江，復趨江北，進薄通州、泰州。尋陷嘉善、崇明。入崇德，掠嘉興。此時，王忬在浙總督軍務，雖悉力剿擊，終因船敝伍虛，戰績不豐。於是寇勢滋蔓，縱橫肆擾，而沿海奸民知官軍怯弱，趁機流刼，因之東南沿海之地，蹂躪殆徧，破垣殘瓦，滿目廢墟，雞犬不見，雖窮鄉僻壤與山陬海隅，亦難倖免。

三　胡宗憲計誘汪直來歸

明嘉靖三十五年（西元一五五六年）二月，胡宗憲繼楊宜之後，出任「總督」，駐浙督師剿倭。此時，寇勢正張，宗憲知汪直之勢不可侮，因思以同鄉之誼（按宗憲爲徽州績溪人）招致之。先是，徽州府繫汪直之母、妻，及子，於金華獄中，宗憲特予釋放，且厚待之，使直聞，知宗憲待鄉人之厚也。繼而，宗憲疏請朝廷遣使至日，宣諭日本國王「禁戢島寇」，並「招還通番奸商，許立功免罪」，作爲招撫汪直之依據。既得旨，宗憲以「生員」蔣洲、陳可願充正副使赴日，探測汪直之意向。蔣洲等行前，宗憲又復面授機宜說：「汪直遠在海外，難以角勝於舟楫之間，要須誘而出之，使虎失負嵎之勢，乃可成擒耳。」可知宗憲起始對汪直，在以智取也。

蔣洲等抵日本五島，遇汪直、汪滶父子，告以宗憲招撫誠意，繼以重金相賂，又許以都督之位，並暢開海禁，恢復中、日貿易，籠絡備至。汪直因有富貴可圖，又知老母、妻、子安然無恙，怦然心動。他說：「俞大猷絕我歸路，故至此，若貸罪許市，吾亦欲歸耳。」繼分析日本國情：「日本內亂（按此時當日本戰國時代，內亂頻起），王與其相俱死，諸島不相統攝（按戰國時代，日本羣藩割據各自爲政，天皇僅有虛名，室町幕府威信動搖，烽火遍地。）須徧諭乃可杜其入犯。……有薩摩者，雖已揚帆入寇，非其本心（按薩摩島日人，與徐海勾結，入寇浙、蘇）」。最後，汪直爲報答宗憲盛情，願以「肅清海波贖死命」，並藉此「遘會以脫親屬」，故決意渡海來歸。

雙方協議圓滿，汪直遂留蔣洲在日，「傳諭各島，杜其入犯」，而另囑汪滶陪同陳可願歸國覆命。宗憲得知詳情，大喜過望，趕辦奏摺，呈述勸降經過。兵部簽議「直等本編民，既稱效順，即當釋兵，乃絕不言及，第求開市通貢，隱若屬國，然其奸叵測，宜令督臣振揚國威，嚴加備禦。移檄直等，俾剿除舟山諸賊以自明，果海疆廓清，自有恩賚。」明世宗從之。

廷旨既下，宗憲為測汪滶眞僞，乃令出擊舟山諸賊以立功，滶亦小試慇勤，故有舟山、瀝表之捷。宗憲請於朝，特賞汪滶金帛酬戰功。

此時也，徐海、陳東等，擁衆十萬餘，猛犯松江，破城池，殺縣官，聲言欲下杭州，取金陵，遠邇震動。宗憲謀之汪滶，以覲其志。滶知海等所為，正其所倚以圖大事者，且欲速直來，故婉辭解說：「是非吾所能辦，須吾父乃可耳。」滶以招直為詞，離杭返五島。而宗憲之縱滶歸去，在示無他，藉取信汪直也。

未幾，徐海在沈莊敗亡，固汪直未知也。此時，兩浙稍定，朝廷於明嘉靖三十六年（西元一五五七年）一月，調「浙江巡撫」阮鶚往福建，以「總督」胡宗憲兼攝「浙江巡撫」。

蔣洲在日本豐後被留，於是令僧人往山口島，傳諭島民入寇。「山口都督」源義長，乃具咨文送還被掠人口（其咨用國王印）。「豐後太守」源義鎮，亦遣僧德揚等，具方物，奉表來明謝罪。此時，汪滶已自杭州歸抵五島，汪直乃遣汪滶、蔣洲先還。

豐後使臣至杭謂：「前後侵犯，皆中國奸商潛引諸島夷衆，義鎭實不知。」繼請頒給勘合憑證。宗憲請示朝廷，廷議以：「蔣洲奉使二年，止歷豐後、山口二島，或有貢物而無印信勘合，或有印信而無國王名稱，皆違朝典。然彼既以貢來，又送還被掠人口，實有畏罪乞恩意，宜禮遣其使，令傳諭義鎭、義長，轉諭日本王，擒獻倡亂諸渠，及中國奸宄，方許通貢。」詔可。

當蔣洲之還抵杭州，汪直未與之偕來，人疑其詐，「巡按」周斯盛奏請「罷貢罪洲」。逮洲入獄，洲乃陳「諭倭始末」，及言汪直實以誠來，其未至，必因風阻（參考明史紀事本末）。

惟據「明書亂賊汪直傳」所載，汪直之遲遲未至，非因風阻，蓋其俟蔣洲離五島後，繼遣汪激、葉宗滿等率銳卒千餘，泊岑港，據形勢，分兵部署，以防宗憲有變。汪直待部署完畢，乃督謝和等，慷慨就舟，釃酒誓衆說：「俞大猷吾嘗破之，須謹備之。」而「豐後太守」源義鎭，以中國許互市，亦遣夷目善妙等四十餘人，隨汪直至舟山之岑港（位錢塘江口），此同年十月事也。至「鹽邑志林采常吉倭變事略」有謂：「是年九月，直率其黨數千人，泊舟於江口（即岑港）。」查此乃汪激所率之先遣部隊，汪直此時仍在五島也。

四　騎虎難下汪直投順

汪直於同年十月抵岑港，日夕聚衆，礪兵刃，伐竹木，以爲開市準備。且索母、妻、子，又求官封。宗憲爲安其志，亦「漫爲之」，列狀上請。

汪直又遣人賫疏，請宗憲代爲疏請通商，錄之如後，可助吾人瞭解此一代惡魔之言行思想，與其落寇經過。

汪直首稱有功國家，反誣引罪過，特爲申辯：「帶罪犯人汪直即汪五峯，直隸徽州府歙縣民，奏爲陳悃報國，以靖邊疆，以弭羣兇事：竊臣直覓利商海，賣貨浙、福，與人同利，爲國捍邊，絕無勾引黨賊侵擾事情，此天地神人所共知者。夫何屢立微功，蒙蔽不能上達，反罹籍沒家產，舉家竟坐無辜，臣心實有不甘。前次嘉靖二十九年，海賊首盧七搶掠戰船，直犯杭州江頭西興壩堰，刼掠婦女財貨，復出馬蹟山港停泊，臣即擒拿賊船一十三隻，殺賊千餘，生擒賊黨七名，婦女被搶二口，解送『定海掌印指揮』李，轉送巡按衙門。三十年，大夥賊首陳西在海，官兵不能拒敵，海道衙門委寧波府唐「通判」，張「把總」托臣剿，獲得陳西等一百六十四名，被擄婦女一十口，燒燬大船七隻，小船二十隻，解丁海道。三十一年，倭賊攻圍舟山，所城軍民告急，李海道差「把總指揮」張四維會臣救解，殺追倭船二隻，此皆赤心補報，諸司俱許錄功申奏，何反誣引罪逆，及於一家，不惟湮沒臣功，亦昧微忠多矣。」

繼而指陳日人犯境原委，及其動態：「連年倭賊犯邊，爲浙、直等處患，皆賊衆所擄，奸民反爲鄉導，刼掠滿載，致使來賊聞風，倣效沓來，遂成中國大患。舊年四月，賊船大小千餘盟誓，復行深入，分投搶擄，幸我朝福德格天，海神默祐，反風阻滯，久泊食盡，遂刼本國五島地方，縱燒廬舍，自相吞噬。但其間先得渡海者，已至中國地方，餘黨乘風，順流海上，南侵琉球，北掠高麗，後歸至本國喜藥（或即薩摩）洲者尚衆，此臣附心刻骨，欲插翅上達愚衷。」

汪直感謝政府誠意招撫，誓願補報殺賊說：「『督察軍務侍郎』趙、『巡撫浙福都御史』胡，差官蔣洲前來，賫文日本各諭，偶遇臣松浦，備道天恩至意，臣不勝感激，願得涓埃補報，卽欲歸國効勞，暴白心事。但日本雖統於一君，近來君弱臣强，不過徒存名號而已。其國尚有六十六國，互相雄長。往年山口主君，强力霸服諸夷，凡事猶得專主。舊年四月，內與鄰國爭奪境界，隨計自刎。以沿海九洲十有二島，俱用遍歷曉諭，方得杜絕諸夷。使臣到日至今，已行五島松浦，及馬肥前島、博多等處，十禁三四。今年夷船殆少至矣，仍恐菩薩未散之賊，復返浙、直，急令養子毛海峯（汪激）船送『副使』陳可願回國通報，使得預防，其馬蹟、志山、前港兵船，更番巡哨，截來今春，不容省懈也。臣同『正使』蔣洲撫諭各國，事畢方回。我浙、直尙有餘賊，臣撫諭歸島，必不敢仍前故犯，萬一不從，卽當徵兵剿滅，以夷攻夷，此臣之素志，事猶反掌也。」

最後，汪直提出二點願望：一請畀以海防官職；二請恢復中、日貿易。他說：「如皇上仁慈恩宥，赦臣之罪，得効犬馬微勞，馳驅浙江定海外，長塗等港，仍如廣中事例，通關納稅，又使不失貢期，宣諭諸島，其主各為禁制，倭奴不復為跋扈，所謂不戰而屈人之兵者也。敢不捐軀報効，贖萬死之罪。」（疏見鹽邑志林）。汪直主張「通關納稅」，以弭禍源，這是基於經濟觀點。用宣諭方法，疏導日人，禁制來寇，這是外交策略的運用，均屬可行。至其用武力以支持外交，時至今日，仍然有其價值。

浙但聞汪直率日船泊岑港，大驚，「巡按御史」王本固亟言「不便」，而中樞大員亦指胡宗憲，將釀東南大禍。未幾，朝旨下達，謂「汪直既稱投順，却挾惡同來，以市買爲詞。胡宗憲可相計設謀擒剿，不許疎虞，致墮賊計。」宗憲奉詔，秘而不宣，遂往寧波府暗中策畫，又密調「參將」戚繼光、張四維等，分兵埋伏要害，以防汪直異動。

汪直自抵岑港，胡宗憲雖有信使往還，却未邀晤，且官軍警備森嚴，汪直爲明究竟，乃遣汪澈往謁宗憲。汪澈對宗憲說：「我等奉詔來，將息兵安境，謂宜使者遠迎，宴犒交至。今盛陳軍容，禁舟楫往來，公給我耶？」（明史胡宗憲傳）。宗憲慰勞甚至，指心誓無他。恰於此時，日使夷目善妙在舟山，邂逅「總兵」盧鏜，鏜囑其擒直來獻。語洩，爲直所知，益疑矣。傳聞於宗憲，即遣使「開諭百方」，直終不信，對來使說：「果爾，可遣澈出，吾當入見。」宗憲立遣之。又命直子汪澄嚙指血，致書乃父說：「軍門（指宗憲）數年因養我輩（按汪澄母子自金華獄釋放，即受宗憲眷養），惟願汝一見，使軍門有辭於朝廷，即許眷屬相聚，汝來，軍門決不留汝，藉令不來，能保必勝乎？空害一家人耳。」汪直得書，喟然而嘆：「汝父在，厚汝。父來，闔門死矣。」

宗憲見汪直仍不來，繼遣邵岳、童華等，再往開導，直堅持須一貴官爲人質，始肯就道，宗憲立遣夏正爲質，以釋直疑。論者謂夏正之往，爲兵法上之「死間」也。夏正抵岑港，對汪直說：「汝欲保全家屬，開市求官，可以不降而得之乎？帶甲陳兵而稱降，又誰汝信？汝有大兵於此，即往見，軍門敢留汝耶？」直仍不決。宗憲知直意存觀望，遂佯令諸將開關揚帆，示欲進兵狀。汪直進退維谷，慨然而說：「昔漢高祖見項羽鴻門，當王者不死，縱胡公誘我，其奈我何！」遂於同年十一月，偕葉碧川、王清溪等人，毅然就道。

汪直至杭，宗憲大喜，待以賓禮，使指揮爲其舘主，給與夫出入，復出蔬菜、酒肉，供餽其舟人，日費百金，所以待鄉人者，無不至矣。已而，宗憲囑汪直拜訪「巡按御史」王本固，本固以直惡性重大，卽逮之下獄，並上疏指陳其罪說：「汪直始以射利之心，違明禁而下海，繼以中華之意，入番國以爲奸，勾引倭寇，比年攻刼。今悔罪以來歸，仍挾倭以求市，上干國禁，下毒生靈。」（明書亂賊汪直傳）。但宗憲則疏請曲貸直死，俾戍海上，以繫日人之心。惟此時外議紛紛，咸以宗憲之全直，因納賊賂，宗憲以人言可畏，不敢再行力爭，遂「易詞以聞」，朝旨下，論直死罪。

五　明廷殺降倭禍激起

當汪直自岑港至杭，爲防政府變卦，乃預留汪激率衆駐守岑港，俾資呼應。及聞汪直下獄論死，其黨大憤，支解夏正，並焚舟柵，阻岑港以抗官軍。俞大猷、戚繼光會師圍剿，均遭擊敗。自此，汪激變本加厲，煽動日人大擧來犯，東南沿海的福建、浙江、廣東、江蘇，以及江西各省蹂躪殆徧。此爲明廷殺降，而倭禍激起的前因後果。

六　汪直刑前現場一瞥

當明嘉靖三十八年（西元一五五九年），東南各省倭亂正熾，朝廷下令刑斬汪直。

同年十二月，監斬汪直於杭州官巷口刑場。刑前，直索子汪澄訣別，澄趕至，抱持乃父而泣，直以所佩金簪授之，並長嘆說：「不意典刑茲土」，若不勝其無盡怨恨也。

自汪直繫獄以至明正典刑，爲時二年，其遲遲不斬原因，筆者認爲朝廷仍在躊躇不決。及見寇勢益張，不可收拾，遂令處刑，以絕其黨之心。

汪直因胡宗憲之再三遊說，其自新報國之念，油然而生。惟東南居民，飽經倭禍，大有談倭色變，聞知汪直導引日人來浙，羣情嘩然，咸謂宗憲此舉，無異引狼入室。而政府大員亦以汪直禍國殃民，罪惡重大，故朝野民間，均主斬直，以絕倭患。雖然宗憲力爭，請免直死，終因輿論壓力過大，孤掌難鳴，且中樞亦乏目光遠大之士，引爲同調，結果，汪直論斬，筆者深爲明廷失策嘆。設使明廷果能安撫汪直，使之戍守海上，不獨可戢止日人來寇，且亦無因殺降，而招致荼毒東南之八年大禍。人民生命財產，既可避免慘重損失，而國家元氣，亦不致斲喪之甚，其功過得失，誠難評論也。

叁拾肆　明廷殺降海寇大肆報復

一　汪激率寇南刼福建廣東

汪激擊敗俞大猷、戚繼光軍後，與日使夷目善妙堅守岑港待援，以圖大舉報復。激知浙江官軍實力較大，未卽時圖浙，乃於明嘉靖三十六年（西元一五五七年）十一月，分遣其黨南犯，攻福建福寧州（今霞浦縣），破福安、寧德二縣，遂泊泉州浯嶼（參考明史日本傳）。

同年，以許老、謝策爲首之海寇，突至月港，擄殺千餘家（閩書漳志），亦泊浯嶼。其後往來漳（州）、潮（潮州，今廣東潮安縣）間，流毒甚慘。

明嘉靖三十七年（日本正親町天皇永祿元年、西元一五五八年）二月，據浯嶼之寇，進犯廣東潮州的鮀浦，攻蓬州，千戶所「僉事」萬仲，分部水陸兵，東西攻之，臨敵而陣，哨兵皆潰，「領哨千戶」魏岳、高洪俱死。

二　福建巡撫阮鶚重賂驅寇

明嘉靖三十七年四月，汪激遣衆自浯嶼登岸，攻福清、永福諸城。城毀，「知縣」葉宗文被執，舉人陳見率家僮禦賊不克，與「訓導」鄔中涵，俱罵賊死。繼掠南安縣，乘勝犯惠安縣，「知縣」林咸拒守五晝夜，寇引去，旋來，林咸擊之於鴨山，窮追逐北，中伏而死。寇轉犯福寧州，被福安、寧德二城。再大犯福州，圍城經月不解。「福建巡撫」阮鶚以賊臨城下，大懼（桐鄉之圍，餘悸猶存），乃賂以羅、綺、金帛，及庫銀數萬兩，遣巨艦六艘，載之以走。此封疆大吏平日窮極奢侈，帷、奩、盤、盂，率以錦綺、金銀爲之，至其歛括民財，動輒千萬計。寇來，重賂驅之，竟不能措一籌，異哉！明嘉靖朝官邪之甚也。

汪激部既獲重賂，揚長而去，「參將」尹鳳邀擊於外海，沈其七舟，連破於湄嶼、東洛、七礁，擒斬二百餘級。

激部於小挫之後，轉竄興化，奔突於長樂、同安二縣，流刼漳州之月港。

「御史」宋儀望以阮鶚縱寇，奏章彈劾，朝旨下，逮交「刑部」。嚴嵩爲屬法司，僅黜爲民。

三　浙江寇勢大張胡宗憲四面楚歌

汪激據岑港，一面遣衆犯閩、粵，一面待援圖大舉。明嘉靖三十七年（西元一五五八年）三月，其黨大至，騷擾浙東各地，全浙騷動。

同年四月，明世宗以浙江倭患轉烈，嚴旨指責胡宗憲。未幾，海寇數千，來犯臺州臨海之三石鎮，宗憲奮力擊走。

同年五月，海寇繼犯溫州，大掠。

同年七月，汪澈率衆有自岑港，移巢柯梅（位定海之東）之勢，宗憲計寇將遠颺，乃上書朝廷，謂賊「指日可滅」。所司論其欺誕，明世宗怒，盡奪俞大猷、戚繼光等職，並再切責胡宗憲，令尅期平賊。

此時，趙文華已得罪死，宗憲頓失內援，而寇勢方興未已，思自媚於上。會得白鹿於舟山，擒之以獻，明世宗崇信道教，以爲祥瑞，大悅，特行告廟禮，並厚賜宗憲，酬其獻白鹿之功。未幾，宗憲復以白鹿獻，明世宗益喜，告謝太廟，百官稱賀，另加宗憲秩。

同年十月，官軍屢攻柯梅不能克，「御史」李瑚劾宗憲，「誘汪直啟釁」，「巡按御史」王本固、「給事中」劉堯誨，亦劾其師（宗憲）縱寇，請追奪功賞。明世宗命廷臣議之，咸謂「宗憲功多，宜勿罷。」明世宗亦嘉其擒汪直功，令居職如故。

同年十一月，海寇在柯梅造艦完成，欲遁，宗憲利其遠去，未擊，海寇遂揚帆南流，俞大猷雖橫擊之，僅沈一舟。其衆三千至浯嶼，與去冬先至者會合，福建人大譟，指控宗憲嫁禍，李瑚再以三罪劾之。瑚與大猷皆閩人，宗憲疑大猷漏言，乃以「縱賊南奔，播害閩、廣」之罪劾大猷。

四　唐順之至浙與胡宗憲協謀討賊

明嘉靖三十七年（西元一五五八年）十一月，朝命「兵部郎中」唐順之至浙，與胡宗憲謀討賊。順之生長江南之武進，久知「夷性」，且曉兵機；以禦賊上策，當截之海外，縱使登陸，則內地受禍。順之爲瞭解沿海形勢，親身泛海，自江蘇江陰，抵蛟門（位浙東定海縣四十里，一名嘉門山，古稱蛟門虎蹲，天設之險。大海，一晝夜行六七百里，從者多驚嘔，惟順之意氣自如，若無其事。

五　海寇大集浯嶼縱犯福建

柯梅之寇，於嘉靖三十七年（西元一五五八年）十一月，南竄福建，屯紮浯嶼，與其先遣部衆會合，聲勢益壯，散處各地流刼，惟尙無大規模行動。但至明嘉靖三十八年（日本正親町天皇永祿二年、西元一五五九年）四月，海寇整編就緒，卽大擧進犯，並齎攻具，先攻福寧州之連江、羅源二縣，流刼各鄉。繼之，進攻福州，圍城經月，旋破寧德，移攻福安，破之。而沿海之長樂、福清等縣，遍遭賊舟蹂躪。此時，流刼廣東的海寇，轉而散刼福建的詔安、平和、漳浦、南靖、長泰各縣。至是福州、興化、漳州、泉州，無地非寇矣。

同年五月，汪滶率衆自浯嶼，移往廣東南澳，建屋而居，準備長期盤踞。

六　海寇復掠浙東戚家軍鋒鋩初露

明嘉靖三十八年（西元一五五九年）三月，海寇自象山、河金、纜井諸地，焚舟登陸，突襲臺州，大掠。「海道副使」譚綸徵用戚繼光所練三千新軍，兵破之於馬崗何家磯，及葛埠二地。另一股海寇，趨犯濱海溫州諸縣。朝廷因浙江寇勢囂張，特派「給事中」羅嘉賓、「御史」龐尙鵬赴浙勘查。

羅、龐二氏奏謂胡宗憲「養寇」，應置「重典」，明世宗未究。

七　俞大猷「縱賊」被劾發往大同立功

同年三月，胡宗憲劾俞大猷「縱賊」罪詔下，逮大猷至北京訊治，而人言籍籍，謂「倭之自柯梅開洋也，宗憲實陰遣之。」廷臣中亦多惜大猷才，有陸炳者與之尤善，乃密以己貲，投贈嚴嵩之子世蕃，以解其獄。繼而，朝廷免俞大猷「總兵」職，發往山西大同立功。

八　江北寇勢復張李遂唐順之協力奏捷

明嘉靖三十八年（西元一五五九年）四月，海寇聯艦數百，自南沙登岸，犯海門、通州，其勢甚銳，「副將」鄧城禦之敗績，「指揮」張谷臨陣戰亡。「巡撫」李遂召集諸將會議，指示機宜說：「賊趨如皐，其衆必合，合則侵犯之路有三：由泰州逼天長，鳳泗陵寢驚矣。由黃橋過瓜（州）、儀（眞），搖南都，運道梗矣。若從富安沿海，東至廟灣（江蘇淮安縣東北），則絕地也。」於是調兵遣將，積極部署，以「兵備副使」劉景韶、「遊擊」邱陞扼如皐，而身驅泰州當其衝。

海寇知如皐有備，將犯泰州，進據白蒲鎮，李遂急檄景韶等邀之，連擊於海安、丁堰、海門，三戰三捷。海寇受挫，遂沿海東掠，謀犯揚州，李遂知其已無能爲，命景韶尾擊之，以火攻賊營，焚死二百人，餘黨逸入潘家莊，官軍再攻之，斬首三百餘級，寇退據廟灣。李遂推測海寇將自廟灣突襲淮安，乃於深夜馳入淮安城，寇尋至，遂督「參將」曹克新等禦之，大戰於姚家蕩，適唐順之偕「副總兵」劉顯來援，大敗海寇，斬首四百餘級。餘寇因官軍勢銳，退歸廟灣，官軍圍攻其巢，斬首四千，官兵死傷亦相當，海寇仍據廟灣頑抗。

此時，崇明三川沙告急，唐順之即遣「總兵」盧鏜堅守拒敵。

同年六月，盧鏜攻破三川沙海寇別部二十餘艘，前後斬首百餘級，賊始遁去。胡宗憲以捷聞，兼言順之贊畫功，擢「僉都御史」。

同年七月，海寇再據三川沙，官軍進擊失利，順之親躍馬佈陣，賊見軍容齊整，堅壁不出。未幾，順之以疾還太倉，而賊突犯江北，由海門七星港登陸，流刼過金沙西亭，將犯揚州，邱陞迎戰於鄧家莊，賊不支，敗走仲家園，邱陞尾追不捨，至鍋圍，輕騎先進，賊覘無後繼，盡銳來衝，陞馬蹶被殺。已而，官軍趕至，賊颺長而去。

海寇於鄧家莊敗後，沿海覓舟不得，同年八月，劉景韶率軍追踪至劉家橋、白駒沙等地，連戰勝之。寇萎，奔劉家莊，官軍四圍，劉顯亦率銳卒數千來援，李遂爲使指揮統一，特檄諸軍歸顯節制。顯縱火衝擊劉家莊，破賊巢，斬首二百餘。賊復突圍奔白駒沙，劉顯揮師追擊，莊花墩一役，斬賊四百餘級，江北寇患因而稍息。

同年十二月，朝廷擢李遂任南京「兵部侍郎」，以「僉都御史」唐順之繼任「巡撫」。此時，淮安、揚州一帶大饑，順之力疾渡江，條陳「海防善後九事」，提供中樞參考。

明嘉靖三十九年（日本正親町天皇永祿三年、西元一五六〇年）春，汎期至，唐順之以兵事棘手，抱疾沿江巡視，惟至通州，因疾沈而逝，聞者惜之。

九　汪激流劫粤海

汪激自浯嶼移屯廣東南澳，廣東從此多事；尤以明嘉靖三十九年（西元一五六〇年）二月，汪激遣衆七千，大掠潮州，燒、殺、淫、擄，爲害最重。朝廷以廣東横遭倭禍，故於明嘉靖四十一年（日本正親町天皇永祿五年、西元一五六二年），令調劉顯自江北移師駐粤，充「總兵官」，以備汪激。

十　海寇屢犯浙東戚繼光九戰九捷

譚綸、戚繼光於明嘉靖三十八年（西元一五五九年）三月，在浙擊破海寇，之後，海寇四散刧掠。

明嘉靖四十年（日本正親町天皇永祿四年、西元一五六一年）四月，海寇又復大集，猛犯浙東桃渚、圻頭。「參將」戚繼光急率精兵，趕往寧海，扼桃渚，敗賊於龍山，賊潰，追至雁門嶺。海寇乘虚襲臺州，繼光手殲賊首，蹙餘寇至瓜陵江，盡溺斃。前掠圻頭之寇，繼犯臺州，繼光邀擊於仙居，道無脫者。先後九戰九捷，俘馘一千有奇，焚溺死者無算，戚家軍聲譽，遂之大起（參考明史戚繼光傳）。

同年九月，「總兵」盧鏜、「參將」牛天錫等，又破寇於寧波、溫州，水陸十餘戰，斬賊一千四百餘級，於是浙東再平（參考通鑑明紀）。

戚繼光、盧鏜先後大創海寇，戰績輝煌，胡宗憲上書稱捷，明世宗悅甚，加胡宗憲「少保」，繼光進秩三級，盧鏜增俸，以示激勵。

十一　江西禍倭胡宗憲檄調戚繼光馳援

同年，海寇自福建、廣東，流入江西散刧，朝廷復命胡宗憲兼制江西，速謀平賊。宗憲以戚繼光遞獲戰功，令往江西平寇。繼光於上坊一戰，痛殲海寇，寇不支，潰奔建寧，繼光旋亦凱歌還浙。

叁拾伍　福建倭亂的平定

一　胡宗憲總攬東南剿倭軍政大權

東南各省，遍地患倭，胡宗憲身負討倭重任，每感任重權輕，故於明嘉靖三十九年（西元一五六〇年），上書明世宗，請如三邊故事，節制巡撫，及操江都御史，全權指揮東南各省文武大吏，便宜討賊。明世宗即晉宗憲爲「兵部尙書」，如其請。至是宗憲集軍政大權於一身，勳臣、總兵由掖門通謁庭拜，巡撫悉聽節制，宗憲才固得展，而禍機亦起矣。

二　福建倭患棼起

明嘉靖三十七年（西元一五五八年）十一月，倭據泉州浯嶼以來，四處散刼，福建呈現「無地非倭」之勢，閩人患倭苦焉。尤以明嘉靖四十一年（西元一五六二年），海寇變本加厲，大舉騷擾；如同年三月，海寇之陷永寧衞，縱掠數日而去，再破永寧城，大殺城中軍民，焚燬幾盡，均爲倭寇暴行的實例。

又如同年六月，海寇四集，合犯福建；自浙江溫州來者，會同福寧、連江諸寇，攻陷福建東北的壽德、政和、寧德各縣。自廣東南澳來者，會合福清、長樂諸寇，攻陷元鍾所，延及福建西南的龍巖，中部的大田，東部的興化（莆田）、古田，以及北部的松溪。

寧德陷賊後，距城十里處，有橫嶼，四面環水，道路險隘賊結大營其中。而其新至者，營於牛田、興化，東南互爲聲援，其勢益壯。官軍蟄伏賊勢，而不敢擊，閩中人心惶惶，告急文書，絡繹於途。

三　戚繼光援閩平寇第一功

胡宗憲以福建寇情嚴重，而戚繼光所練新軍，已名揚海內外，乃遣繼光率勁旅，援閩平寇。

同年七月，繼光至閩，先擊橫嶼寇，人持草一束，塡壕進，因所部僞裝得宜，行軍神速，寇未發覺，而已進抵其柵矣。於是大破海寇，斬首三千六百級。繼光乘勝至福清，擣敗牛田寇，並覆其巢。餘寇潰奔興化，繼光急追之，夜四鼓，抵寇柵，連克六十營，斬首一千數百級。平明入城，興化人始知，牛酒酬勞不絕。繼光以橫嶼、牛田、興化賊潰，旋師抵福清，適海寇自東營澳登陸，繼光迎擊之，殲斬二百人。劉顯亦奉宗憲命來援，屢破寇，福建宿寇幾盡。

戚繼光以閩寇殲盡，至福州暢飲，勒石於平遠臺，繼而，凱歌歸浙。此爲繼光援閩第一功，閩人稱之。

四　胡宗憲罷職的政治恩怨

嚴嵩以權術結主，攬權日久，明世宗漸覺其貪橫不法，遂起厭棄之心，徐階因而承問聖意。嵩雖警敏，先意揣上意，然明世宗所下手詔，語多不可曉，惟嵩子世蕃則一覽了然，答語無不中的。及嵩妻歐陽氏喪，世蕃護靈歸里，嵩自請留侍京邸，明世宗許之。自是，世蕃不能入直所，代嵩票擬，因之，嵩每受詔，多不能答。雖遣人持問世蕃，但值其沈耽女樂，不以時答。中使相繼促嵩，嵩不得已，而自爲之，往往失旨，積失主歡。

明嘉靖四十年（西元一五六一年），萬壽宮災，嵩請明世宗暫徙南城離宮，南城乃明英宗爲太上皇時所居，明世宗不悅，而徐階所營萬壽宮甚稱旨，明世宗益親階而遠嵩矣。

明世宗好玄修，方士藍道行假乩仙語，言嵩奸罪，「御史」鄒應龍避雨內侍家，知其事，抗疏極論嚴嵩父子不法，並謂所言不實，「乞斬臣首，以謝嚴氏」。明世宗因罷嵩，下世蕃獄，逐世蕃子鵠鴻，及其幕客羅龍文戍邊，而嚴氏之黨，亦俱坐貶，此明嘉靖四十一年（西元一五六二年）事也。

胡宗憲於明嘉靖三十四年（西元一五五五年），在「浙江巡按」任內，結識趙文華，因文華之援引而結嵩，從而才華大展。自文華得罪死，宗憲結嵩益厚，威權震爍東南。宗憲性喜賓客，招致東南士大夫預謀議，名用是起。更以節制巡撫及都御史以來，握權太重，而禍機伏焉。

會嵩敗，徐階入閣。同年（明嘉靖四十一年、西元一五六二年）十一月，「南京給事中」陸鳳儀以宗憲「黨嵩及奸欺，貪淫十大罪」，上書糾劾，得旨，逮問。宗憲至京，明世宗對之仍甚眷念，他說：「宗憲非嵩黨，朕拔用八九年，人無言者，自累獻祥瑞，爲群邪所疾。且初議獲直予五等封，今若加罪，後誰爲我任事者。」故僅奪「浙江、福建總督官」，釋令閒住。此時，浙江海寇甫平（按明嘉靖四十年四月，及九月，戚繼光、盧鏜先後平定浙亂），大學士徐階請設巡撫綏輯，中朝遂進趙炳然爲「兵部左侍郎兼右僉都御史」，往任之。

萬壽節屆，宗憲獻秘術十四，明世宗大悅，將復起用。會「御史」汪汝正籍羅龍文家，獲宗憲手書（按宗憲被劾自擬旨授龍文，以達世蕃者），黨嵩罪露，明世宗遂於明嘉靖四十二年（西元一五六三年）五月，下宗憲獄。宗憲於獄中，自敘平賊功，而以獻瑞招罪，明世宗頗憐之。此時，言官有訐汪汝正受賕事，詔下汝正獄。胡宗憲亦瘐死獄中。

「明史紀事本末」記載宗憲獲罪經過，持論頗爲客觀：「初宗憲在浙，與趙文華同事，文華選愞不前，宗憲輒自臨陣，立矢石間督戰。方倭圍杭州時，宗憲親登城臨視，俯身堞外，三司皆股慄，懼爲流矢所加，宗憲恬然視之。殲徐海、汪直皆有功，然稍事文華，又握權太重，勳臣總兵者，由掖門通謁庭拜，巡撫悉聽節制，如三邊例，宗憲才得展，而禍機亦萌此矣。世宗好玄修，宗憲進白鹿稱賀，大學士嵩比之。會嵩敗，被逮。」

明史家谷應泰亦謂：「胡宗憲曲意主撫，因剿成功；賄斬徐海，誘擒汪直；武安誘殺，李廣誅降，長致恨於封侯，空銜悲於賜劍；宗憲引刄，應無顏見二賊於地下也。」文中雖對宗憲有所微詞，然仍不掩宗憲平賊之功。谷氏對宗憲才華與氣節，亦有論評，他說：「憲宗才望頗隆，氣節少貶；側身嚴、趙，卵翼成功；耿秉因竇憲勒勳，杜預事朝貴甚謹；封疆之吏，固應折節乃耳耶。」深以宗憲之側身嚴、趙而嘆息，惟對其才望則仍稱道。

當宗憲逮問，其幕賓歸安茅坤，不避權勢，上書爲宗憲申冤。尤其難得者，「都指揮使」朱先，於宗憲獲罪時，解官護行，直竟獄事始歸。此種道義中人，求諸當日官場，誠不多得。想當年宗憲開府東南，其門庭之盛，眞是車如流水馬如龍，曾幾何時，往日受其提掖者，亦投井下石，世道人心如此，夫復何言。由今思昔，或有過之耶？

明萬曆初，明神宗以胡宗憲功在國家，詔復其官，亦謚「襄懋」，以追念其生前平倭功勳也。

五　福建倭亂死灰復燃再議徵調戚家軍

明嘉靖四十一年（西元一五六二年）秋，戚繼光平定閩亂，凱師返浙。未幾，海寇大事增援，於同年十一月，猛攻福建邵武，圍興化府城匝月，朝廷以福建倭禍再起，急調俞大猷自南贛馳援（按大猷自大同改調南贛戍守）。

興化被圍難解，劉顯遣卒八人，持書入城，衣刺「天兵」二字，但爲賊殺，而衣其衣，紿守將得入，夜斬關延賊，「副使」翁時器、「參將」畢高不戰脫逃，「通判」奚世亮兼攝府事，力戰而死，城中焚掠一空。劉顯以軍少，壁軍城下不敢戰，大猷亦不欲即攻，待大軍會合以困之。

自明廷朝降以來，海寇逞亂東南數載，破州、縣、衛、所、城，凡百數，而未嘗破府城，及興化城陷，至是遠近震動。

此時，胡宗憲已褫奪官職，朝廷以福建倭禍嚴重，於明嘉靖四十二年（西元一五六三年）一月，有意起復丁憂守制的「參政」譚綸，擢「右僉都御史巡撫福建」。

先是「巡撫福建都御史」游震，以戚家軍威名四播，奏請朝廷頒授浙江兵勦賊詔，發義烏（按義烏爲浙江縣名，與金華同爲戚繼光訓練新軍之基地）精兵一萬，由「副總兵」戚繼光率領援閩，又請命「浙江巡撫」趙炳然協力支援，朝議認可。

趙炳然繼胡宗憲撫浙，浙江久罹兵燹，財匱力絀，於是悉更政令不便者，並奏減軍需之半，且廉以率下，故接事未久，時譽歸之。

趙炳然得悉中樞將調浙江兵援閩，隱憂堪慮。他上書指陳福建致亂之由說：「福建所以致亂者，由將吏撫馭無術，民變爲兵，兵變爲盜耳。今又趨浙兵以赴閩急，竊懼浙之復爲閩也。」所以他建議朝廷令飭各省，訓練鄉勇，自組民軍，以期「人各爲用，家自爲守，急則兵，緩則農，然後聚散兩有所歸。」此乃寓兵於農，卽兵農合一政策是也。至於民軍之徵用，他主張以「衞本土爲先」，而後鄰壤，這是基於利害關係而言的，也是他上書的主要目的。炳然的意見，甚獲中樞重視，蓋自浙江練兵以來，戚家軍屢摧海寇，足證民兵的訓練，確爲驅寇之資也。

六　福建倭亂的戡平

明嘉靖四十二年（西元一五六三年）二月，海寇徙屯崎頭城，「指揮」歐陽深與搏戰，中伏死，遂間破平海衞（在興化灣南），據之。中朝以游震無力禦敵，罷之，以譚綸代。

同年四月，海寇趨犯福清，欲與平海之寇會合，劉顯與俞大猷會師，合力擊之於遮浪，盡殲之。此時，平海寇陷政和、壽寧，各扼海道將歸，譚綸環柵斷路，令「把總」許朝光邀擊，敗之，寇不得去，乃盡焚其舟，移營渚林。

同月，戚繼光率浙兵馳至，譚綸令其將中軍，劉顯爲左翼，大猷爲右翼，三路會攻平海。繼光先薄賊壘，左右軍繼之，斬賊二千二百，墮崖溺死者無算，還被掠者三千人。次第克服興化府，及政和、壽寧二縣，福州以南諸寇斂跡。

譚綸奏捷，朝野齊歡，明世宗特爲告謝郊廟，大行賚賞；敍譚綸上功，詔加「右副都御史」。戚繼光敍首功，進「都督同知」。劉顯、俞大猷次之。

同年六月，福建殘寇流刼浙江，官軍迎擊於連嶼、陡橋、石坪等地，斬首百餘級。繼而，海寇新至，復犯石坪，將士乘勝殲之。

同年十月，江北餘寇未靖，廷議增設總兵官於狼山，統制大江南北，因劉顯前在江北剿寇有功，調顯任之。

七　福建兵燹之後譚綸輕徭減賦整飭海防

興化圍解，譚綸以延平（今南平縣）、建陽、汀州（今長汀縣）、邵武各縣，多被兵燹，殘破不堪，爲紓民困，特請緩徵蠲賦。又考舊制，以明景泰三年（西元一四五二年），福建舊設有五水寨：福寧烽火門、福州小埕澳、興化南日山、泉州浯嶼、漳州西門澳（銅山），扼海口，法甚周，譚綸特復舊制。以烽火門、南日、浯嶼三䑸爲正兵，銅山、小埕二䑸爲游兵。寨設把總，分汛地、明斥堠、嚴會哨。改三路參將爲守備，分新募浙江兵爲二班，各九千人，春秋番上。各縣民壯，皆補用精悍，每府領以武職一人，兵備使者，以時巡視。

譚綸復以戚繼光平寇有殊功，特擧爲「福建總兵官」，以代大猷。

八　海寇增援復犯閩疆譚戚二將終竟全功

明嘉靖四十三年（日本正親町天皇永祿七年、西元一五六四年）二月，海寇餘黨糾集新黨萬餘，復犯福建仙遊，圍城三日，譚綸與戚繼光馳兵驅之，敗賊於仙遊城下。繼而，海寇突襲同安，繼光揮兵追至王倉坪，斬首數百級，其墜崖死者頗衆。餘寇數千奔據漳浦蔡丕嶺，繼光分五哨，身持短兵緣崖上，俘斬數百人，殘寇急掠漁舟出海，向廣東逸去，福建倭亂悉平。故說者有謂：「當時微繼光，幾無閩」，觀之繼光屢摧海寇，捍障閩海，此言似無誇張也。

福建倭亂平定，譚綸功成引退，請復行服，明世宗許之。

明神宗卽位，起譚綸爲「兵部尚書」。萬曆初，加「太子少保給事中」。雒遵劾綸不稱職，綸三疏乞罷，優詔留之。五年卒官，贈「太子太保」，謚「襄敏」。綸始終兵事，垂三十年，積首功二萬一千五百。嘗戰酣，刄血漬腕，累沃乃脫，與戚繼光共事，齊名稱譚戚（明史譚綸傳）。

叁拾陸　民族英雄戚繼光

一　戚繼光的功業

明代抗日名將戚繼光，原籍南京鳳陽府定遠人，世居山東。更歷南北，所至有功。自明嘉靖三十六年（西元一五五七年）至明嘉靖四十三年（西元一五六四年），是他馳騁東南，勦倭蕩寇的時期。尤以蕩平福建倭患，厥功至偉，故識者有謂：「當時微繼光，幾無閩」。自明穆宗隆慶二年（西元一五六七年）至明神宗萬曆十一年（西元一五八三年），是他坐鎮薊門（薊州，今河北薊縣），以抗北元時期。他總理薊州、昌平、保定三鎮，從事國防建設與訓練部隊，亦有輝煌的成就。由於他的勵精圖治，遂使「邊備修飭，塞北宴然」。劉振志的「中外名將逸話」說：「他曾以三年的時間，築成了一道『戚繼光防線』，這道防線，『精堅雄壯，二千里，聲勢聯接。』在裝備方面，他發明了許多新式武器，如『車營』、『拒馬器』之類，因而『在鎮十六年，邊備修，薊明宴然。』甚至『繼之者，踵其成法，數十年得無事。』影響久遠如此。」

論者有謂軍人武德有五：智、信、仁、勇、嚴，戚繼光實兼而有之。其所著「紀效新書」、「練兵事實」，為研究兵學者，視為圭臬。

浙江自吳越與南宋兩朝建都以來，人文薈粹雖極一時之盛，但佞佛輭弱，積習成性，又爲不可否認之事實。當倭寇初犯浙江濱海之時，浙人相驚伯有，逃避一空，實足反映民性之怯弱。以是不斷的橫遭蹂躪，遂不得不徵調全國各地的著名軍隊（卽所謂客兵）：如廣西的狼兵，湖南的土兵，山東、安徽、河南、河北、山西的北方兵，四川、廣東、福建的南方軍，或水軍，以爲應變的主力。然此利之所在，害亦隨之。尤其此屬一時權宜之計，不可以語於長期守土。幸而在此時期中，浙人因環境的刺激與磨厲，漸變其怯弱之風，而日趨於强梁，其中以處州（麗水）鑛工，所編練成的坑兵，最爲驍勇，參加抗倭最早，而其犧牲亦最烈，如郎英七的「修類稿」所說：「浙惟處州召募者衆，死者幾萬矣。」可證此說。

二　戚繼光的練兵

戚繼光自山東「都指揮僉事」任內，調任「浙江參將」，見衞所軍不習戰，而金華、義烏兩地民性强悍，特請准召募三千人，於明嘉靖三十五年（西元一五五六年）十二月，開始訓練，爲期二年。

戚氏練兵方法，在明代是首屈一指的，他訓練士卒以能「長短兵遞用」，而南方多藪澤，不利馳驅，於是他又依據地形自製「鴛鴦陣法」，以審步伐便利。對武器裝備，盡力充實，諸如戰艦、火器、兵械，均力求精良。明嘉靖三十七年（西元一五五八年）十一月，新軍訓練期滿，「海道副使」譚綸收之驅賊，至是浙江不復調客兵矣。

戚氏練兵，號令嚴明，節制詳密，自明嘉靖三十八年（西元一五五九年），連破倭寇於臺州等地後，戚家軍遂名聞天下。又明嘉靖四十一年（西元一五六二年），福建倭亂大起，中樞以浙江兵調閩，卒平頑寇。此爲浙兵外援之始，亦足證戚繼光練兵的成功。

當明嘉靖四十二年（西元一五六三年），「福建巡撫」譚綸爲加强福建海防，除恢復五水寨外，又招募浙兵一萬八千人，分守各寨，可知浙人此時已知戰矣。故明隆慶六年（西元一五七二年），「巡撫浙江御史」謝廷傑之奏摺有謂：「昔浙嘗苦倭患矣，談戰則股慄，拘之卽戎，妻子相涕泣而別。無何，遂以應兵爲奇貨，而天下往往多稱浙兵。夫浙固無兵，其以有兵名，自勝倭夷始。」而戚繼光祭譚綸文亦謂：「罷客兵之援浙者，又以之援閩，大小八十餘戰，無不全勝。」可知浙人已自怯弱，變爲驍勇善戰矣。

戚繼光以練兵起家，故明隆慶初，「給事中」吳時來以薊門多警，請召俞大猷、戚繼光專訓邊卒，部議則獨用繼光。當繼光移鎮薊門之初，邊軍不習戰技，紀律廢弛，他特徵調浙兵三千，前來薊門，以爲示範。「浙兵三千至，陳郊外，天大雨，自朝至旣日昃，植立不動，邊軍大駭，至是始知軍令。」由於戚氏的整軍經武，「薊門軍容，遂爲天下冠」矣。

陳第賦詩贈戚「都護」（繼光）說：「承平日久不知兵，南北徵師浪結營，獨有鴛鴦（按鴛鴦爲陣法也）明節制，堂堂中國振先聲。」對戚氏練兵的卓越成就，推崇備至。

三　戚繼光用兵神速

戚繼光用兵神速，有如「飇發電擧」，故能每摧頑寇。據「東西洋考」說：「繼光之行軍也，每至郡邑，從當事酣飲，父老請師期，繼光曰：『吾兵疲且休，緩圖之。』賊偵者歸告，不爲備。酒罷，輒督兵行數十里，黎明，破賊巢，邑人尚未知兵出。」此指明嘉靖四十一年（西元一五六二年），福建牛田之捷也。

「鹽邑志林」對戚繼光用兵神速，亦有記述：「倭奴之據興化也，至與人相貿易，郊郭間亦皆爲之耳目。戚少保兵至興化，尚去城數里，卽兵下營。前鋒請進兵之期，戚云：『尚須請命撫按，及本省援兵，何言易易也。』倭奴偵知，稍不爲備。昏時，享士。初更，傳令啣枚進兵，半夜入城也。」此指嘉靖四十二年（西元一五六三年），克服福建興化府之後。

由以上史籍的記載，可知戚氏用兵神速，又能注重保密，出其不意，攻其不備，賊以戚家軍猝然來襲，倉皇應戰，故屢被摧毀矣。

四　戚繼光馭兵愛威兼用

古來名將，功勳彪炳，享譽千古，究其成功之道，無一不自愛其士卒而獲致者。例如勾踐投醪飲士；田單與士卒分功；吳起爲士吮疽；趙奢對上所賜，盡予軍吏；李廣與士共飲食；寇恂所得秩奉，厚施於士；李勣所得金帛，盡散之士卒；張巡與士卒共甘苦寒暑；范仲淹爲將，號令明白，愛撫士卒；岳飛治軍，卒有疾，躬爲調藥，諸將遠戍，遣妻問勞其家，死事者哭之，而育其孤，或以子婚其女，凡有頒犒，均給軍吏，秋毫不私；史可法督師，廉信與下，均勞苦，軍行，士不飽不先食，未授衣不先禦，以故得士死力；曾國藩居官所得廉俸，盡充官中用。上述名將皆自奉儉約，而愛士卒之心，則如慈母之愛其子女，是故士卒歸心，上下和睦，而樂爲之效死。誠如孫子所說：「視卒如嬰兒，故可與之赴深谿，視卒如愛子，故可與之俱死。」

戚繼光治軍，不僅嚴號令，賞罰信，而一種愛士卒，仁人之心，尤爲其馭兵要訣。故其事業，卓然有成。孫子說：「卒未親附，而罰之則不服，已親附，而罰不行，則不可用。」是以李衞光亦謂：「凡將先有愛結於士，然後可以嚴刑也。若愛未加，而獨用峻法，鮮克濟焉。」可見古之兵家，均以愛、威爲馭兵之道，而愛尤在威先也（參考張濟時著將德與仁）。

戚氏治軍愛威兼具，其治兵語錄，對「愛」字發揮，尤爲盡致：

「數十萬之衆，非一人可當，必賴士卒，誓同生死，奮勇當鋒。兵法愛士如嬰兒，故可與之赴深溪。古人吮士之疽，殺愛妾以饗士，投醪於河，以共滋味，此何等作爲。如今將領，不惟不如此推恩，而且使之肩輿，使之供爨，使之廝役，死之不恤，凍餒不問，甚至斂科財物，剋減月糧，到處先擇好處好眠，將領已熟睡，而士卒尚有啼飢、號寒於通衢者。將領夜臥美榻，甚乃伴以妓女，而士卒終夜眠人簷下，枵腹而宿者，種種不可枚舉。如此，而欲人共性命，人孰肯哉？

「夫士卒雖愚，最易感動，死生雖大，有因一言一縷之恩，而甘死不辭者，却是將領、頭目，千思百慮，負義忘恩何也？愚卒心歧尙少，又有軍法驅之，易就善路故也。第士卒之衆，吾豈能人人而惠之？惟我眞有是心，自然人相觀感，故不必其人人及之，人人愛千金之惠，再生之德，而後謂之愛，而後得其感耳。愛行恩竭，萬人一心，何敵不克，功成名立，捷如影響。」此卽先總統　蔣公訓示官兵，「作之親」之眞諦也。

五　戚繼光有盛德

戚繼光戡定東南，每破賊，所得婦女，多貴家閨箔，戚氏皆置之公所，使能書婦人，問其家閥住處，悉從昏夜肩輿，送至其門，人無知之者（鹽邑志林），此盛德君子也。爲大將者，有彪炳功勳，固屢見不鮮，但兼有盛德者，則爲數不多。故當國大臣如徐階、高拱、張居正等，均先後對繼光倚任之，尤以居正每事與之商榷，此固戚氏才幹使然，要之，其之盛德，尤爲當道所稱也。

六　浙人對戚繼光的追思

戚繼光爲求行軍快捷，發明一種圓形小餅，中間穿洞，貫之以線，分發士卒，隨身攜帶食用，既省行軍炊事之煩，又便作戰之補給。此種軍中口糧的發明，無異對其慣用的「飈發電擧」的軍事行動，有莫大的便利。此圓形乾餅，可謂今日軍中乾糧之濫觴。浙人以戚氏在浙平倭有大功，故稱此圓餅爲「光餅」，藉此表達他們對此一代抗日英雄的追思崇拜。

叁拾柒　廣東倭亂的平定

一　俞大猷威名懾羣盜

明嘉靖四十年（西元一五六一年），廣東饒平賊張璉，屢陷城邑，官軍不能平。同年七月，詔調俞大猷自鎭篁（按大猷發往大同，因功調鎭篁參將）至南贛，合閩、廣兵討之。此時，胡宗憲盡督東南數十府，兼制江西，知璉遠出，檄俞大猷急擊。惟大猷則主「濳師擣其巢」，他說：「攻其必救，奈何以數萬衆，從一夫浪走哉！」於是疾引一萬五千人，登柏嵩嶺，俯瞰賊巢，璉果還救，大猷連破之，斬首一千二百餘級。賊懼不出，用間誘璉出戰，從陣後執之，並執賊魁蕭雪峰。

既而，大猷散餘黨二萬，不戮一人，其悲天憫人的胸襟，頓使群盜欽服。朝廷因大猷功，旋擢副總兵」，協守南贛、汀州（長汀）、漳州、惠州（廣東惠陽）、潮州諸郡。大猷乘勝征程鄉，盜賊走梁寧，擒賊魁徐東洲。有東朝曦者，獨約黃積山大擧來犯，大猷率軍官攻斬積山，朝曦遠遁。大猷因功尋擢「福建總兵官」，俞家軍聲名頓起，遂與戚家軍相互映輝，而爲群盜懾服矣（參考明史俞大猷傳）

二　俞大猷戡平廣東倭亂

明嘉靖四十三年（西元一五六四年），汪激所部海寇二萬人，盤踞南澳，與大盜吳平相犄角。而諸峒、藍松三、伍端、溫七、葉丹樓諸大盜，日掠惠、潮間。福建則有程紹輝之亂延平，梁道輝之擾汀州，因之，廣東倭亂大起，而福建亦不安寧。

同年閏二月，朝廷因廣東海寇與盜賊蠭起，特詔「總河都御史」吳桂芳爲「兵部侍郎」提督兩廣軍務，並以俞大猷爲「總兵官」，悉謀討賊。大猷單騎入紹祿營，督使歸峒。因令驅道輝歸。惠州「參將」謝敕與伍端、溫七交戰敗績，揚言「俞家軍至」，伍端大怖，不敢戀戰，急引諸盜去。大猷至，擒溫七，伍端則自縛乞殺倭自效。

同年三月，大猷圍海寇於鄒塘，一日夜克三巢，焚斬四百。朝命吳桂芳與「南贛提督」吳百朋，乘勝殲之。此時，福建海寇爲戚繼光所敗，流賊廣東，桂芳、百朋會調漢土兵，乘其初至，急擊之，大破之海豐（廣東縣名）。海寇悉奔崎沙、甲子諸澳，奪漁舟出海，舟多沒於風，脫者二千餘人，退据海豐金錫郡，大猷圍之二月。

同年六月，据海豐寇食盡欲走，「副將」湯克寬（按克寬前與張經併論死罪，久之赦免，命赴廣東殺寇自効。）設伏邀擊，手斬其頭目三人，「參將」王紹馳援，復勝之。

未幾，大猷移師潮州，任克寬爲「潮惠參將」，先後降服大盜藍松三、葉丹樓，並招降吳平，居之梅嶺。自是，廣東倭患、賊亂，次第平息。

三　大國干城的俞大猷

明代抗日名將俞大猷，福建晉江人，明嘉靖十四年（西元一五三五年）中武舉。三十餘年的戎馬生涯，忠誠許國，老而彌篤，所在有大勳。

明嘉靖二十八年（西元一五四九年），朱紈「巡撫浙江」，督理浙、閩討倭軍務，知大猷爲閩人，精於兵，乃薦爲「備都指揮」，此時，大猷「僉書廣東都司」，適安南入寇，「總督」歐陽必進奏留之。安南范子儀與阮敬爭立都統使，而致仇殺，子儀敗，收編殘卒，剽掠廣東欽州、廉州，爲大猷擊潰，窮追於海東屯雲。

同年，瓊州五指山黎那、燕搆、感恩、昌化，諸黎叛亂，必進又屬俞大猷討，朝議以「崖州參將」畀之。大猷會同廣西「副將」沈希儀諸軍，擒斬賊五千三百，招降者三千七百，大猷獻議於必進說：「黎亦人也，率數年一反一征，率上天生人意，宜建城設市，用漢法雜治之。」大猷乃單騎入峒，與黎定要約，海南遂安。海南平定，大猷即調往福建，從此，展開剿倭的軍事生活，馳驅東南，無役不與。

明嘉靖四十年（西元一五六一年）的平定廣東饒平大盜張璉，懾服群盜，以及明嘉靖四十三年（西元一五六四年）的敉平廣東倭亂，降服廣東巨盜吳平、藍松三等，遂使廣東倭亂與賊禍爲之平息，萬民稱頌，歡聲載道。

明隆慶二年（西元一五六七年），海賊曾一本犯廣州，轉犯福建，大猷會合郭成、李錫軍擒滅之，錄功進「右都督」。廣西古田獞黃朝猛、韋銀豹等昌亂，刼會城庫，殺「參將」黎民表，「巡撫」殷正茂徵兵十四萬，屬大猷討之，連破數十巢，斬獲八千四百，擒其首領朝猛、銀豹。百年積寇盡除，威名震南服。

俞大猷於明神宗萬曆初卒，贈「左都督」，謚「武襄」。武平、崖州、饒平、三地土著，建祠以祀，「畏威」亦所以懷德也。

大猷爲將，一身率先士卒，衝冒巨浪，擊敵陷陣，皆勇往直前，而馭下有恩，故將士咸願效死。王愼中的「海上平寇記」，對大猷早年的作戰情形，有如下的描繪：

「大猷嘗以古賢豪自居，被服進趨，退然儒生，瞻視在韡芾之間，言若不能出口，溫慈款愨，望之知其有仁義之容。然而桴鼓鳴於側，矢石交乎前，疾雷飄風，迅急而倏忽，大之有勝敗之數，而小之有死生之形，士皆掉魂搖魄，前却而阻喪。惟大猷顧意喜色壯，張揚矜厲，重英之矛，七注之甲，鷙鳥擧而虓虎怒，殺人如麻，目睫曾不爲之一瞬，是何其猛厲孔武也。」時在明嘉靖二十一年（西元一五四二年），俞大猷任汀漳「守備」。

俞大猷學深於易，尤精兵學，他說：「兵法之數起五，猶一人之身有五體，雖將百萬，可使合爲一人。」而其論兵，亦多用儒家之言。閩人李杜序其書，有謂：「以爲其學莫非兵，而其論兵莫非易。」「獻徵錄」亦說：「大猷殺倭寇及海賊，無慮數百萬，藉樓船爲多。嘗言海戰無法，只在知風候，齊號令，以大勝小，以多勝寡耳。」類此皆可視爲大猷兵學思想也。至其用兵，則力主「持重」，「先計後戰，不貪近功。」運籌帷幄，著眼於全盤戰局，故所歷戰役，每間小挫，而終成大捷，其故在此。

四　譚綸煮酒論英雄俞大猷堪大受

明嘉靖時期，平倭名將以戚繼光、俞大猷、譚綸、劉顯爲最著，功垂史册。

明嘉靖四十二年（西元一五六三年），福建倭患大起，譚綸「巡撫福建」，督理討倭軍務時期，俞大猷、戚繼光、劉顯均受節制，協力討寇，卒成大捷。此三人中，以繼光受知譚綸最深，其自副總兵而總兵官，皆由譚綸所薦。其後，繼光的立大業，揚名聲，飲水思源，譚綸提攜之功，實不可沒。譚綸返閩福建倭亂平定，譚綸功成引退，乞歸守制，其澹泊名利，與寬宏的胸襟，是何等的崇高。譚綸返抵宜黃故里後，馳書大猷，論當日平倭英雄說：「節制精明，公不如綸；信賞必罰，公不如戚；精悍馳騁，公不如顯；然此皆小知，而公則堪大受。」譚綸數當年英雄，推大猷爲第一，誠非過譽。

「明史戚繼光傳」，對戚、俞二氏，亦有具體的評論：「繼光爲將，號令嚴明，賞罰信，士無敢不用命，與大猷均爲名將，操行不如，而果毅過之。大猷爲將，務持重，繼光則飈風電擧，屢摧大寇，名更出大猷上。」誠爲明代兩大抗日英雄，蓋棺論定之言。

叁拾捌　倭禍東南災情一斑

有明開國之初，倭寇即肆虐山東濱海城邑，及東南沿海之地。惟至明嘉靖時期，中國奸民煽動日人入寇，遂致變本加厲，大肆蹂躪，蔓延波及東南五省：浙江、福建、江蘇、江西、廣東，雖窮鄉僻壤，山僻海陬之區，亦難倖免。國家財富與人民生命的損失，實難勝計。客中資料缺乏，搜求不易，茲就手頭所能查考者，先爲報導。如承讀者提供寶貴資料，俾能補正，筆者謹當重謝。

一　浙江災情慘重冠東南

倭禍浙江殆二百年，掠刧百餘起，縣治被陷者：有黃巖、嘉善、崇德、慈谿、仙居等五縣。衛、所被陷者：有昌國衞、大嵩所、桃渚所、霩霩所、乍浦所。鄉鎮被焚刧者，數以百計。

明嘉靖三十五年（西元一五五六年），災情最重，此時，東西兩浙均被倭患，尤以慈谿、餘姚兩縣，焚殺獨慘。而浙西拓林、乍浦、烏鎮、皂林等地，均淪爲賊巢，其前後至者二萬人。江、浙爲國家財賦中心，人文淵藪，遭此荼毒，靡有孑遺，廬舍、財帛、人民生命的損失，難以數字計，國家、地方元氣，兩皆斲喪。

據「明史汪直傳」說：「汪（直）、徐（海）二人，侵據中國南部者十餘年，流刧濱海郡，延袤數千里，咸遭荼毒，如樂清、黃巖、昌國、臨山、崇德、桐鄉諸城（皆浙江境），皆爲攻墜，焚燔廬舍，擄掠女子財帛以鉅萬計。吏民死鋒鏑，塡溝壑者，亦且數十萬計。」

「明書亂賊汪直傳」亦說：「明嘉靖三十一年壬子春，遂破黃巖府，焚殺官民甚慘，官軍莫之誰何。直乃緋袍玉帶，金頂五簷黃傘，其頭目人等，俱大帽袍帶，銀頂青傘，侍衞五十人，俱金甲銀盔，出鞘明刀，坐定海操江亭上稱『淨海王』。居數日，如履無人境。然是時直隱身，坐遣諸寇，每殘破處，必詭云某島夷所為也。以故諸司奏亂，止云倭寇，未云首惡。汪直勢猖獗，歷癸丑、甲寅、乙卯數歲間，不時攻掠餘姚、觀海、樂清、瑞安等處，荼毒不可言。」

上述文獻所載，僅能指繪浙江在倭寇蹂躪下，人民生命財產損失的粗略估計，與部分受災地區的報導。至於浙人因受不法官吏，與無紀客軍，以及狼、土兵的剝削、迫害，則猶未計入。「黃臺之瓜」，一摘再摘，浙人其苦可知矣。

現引據戶口數字紀錄，證明浙江因受倭患的影響，人口普遍低落的事實。玆據清朝雍正「浙江通志」的記載：

自元代至元二十年（西元一二八三年）至明洪武二十四年（西元一三九一年），杭州、湖州、寧波、紹興、臺州、金華、衢州、嚴州、溫州九府，綜計有一、四九八、三一〇戶，共七、九四四、〇八〇〇口。

再據明嘉靖「浙江通志」的記載：前述九府，綜計有九六一、六五五戶，共四、一四五、八八五口。

根據明嘉靖「浙江通志」與清雍正「浙江通志」的戶口紀錄，兩相比較，顯然的，明嘉靖時期戶口數量，有急驟的下降；戶數減少五三六、六五五戶，而人口減少三、七九八、一九五口。按明嘉靖「浙江通志」的修纂期，起自辛亥（明嘉靖三十年、西元一五五一年），迄至辛酉（明嘉靖四十年、西元一五六一年），此十年間，正是倭寇鴟張最甚之時，未列之數，仍有不少。

浙江戶口的降落，元、明二朝，更遞時期的兵燹，與水、旱天災，固爲重要原因，但百餘年的倭禍，亦爲其重要因素。證之衢州、嚴州兩府，少被倭禍，其戶口降落比例甚小，而杭州、臺州兩府，倭亂最頻，其戶口降落則特甚。此亦卽證明杭州、臺州二府人口流動與死亡比率之大。依此推論，杭州、臺州兩府財富的損失，則尤爲驚人（參考李絜非浙史紀要）。

浙江何以被寇特重，歸納其原因，約有三點：

浙江沿海一帶，海岸曲折，港灣廻環，便於倭寇的伺機而動，而不利我之防範。此爲地理形勢的原因。

明太祖卽位，據浙自雄的方國珍、張士誠相繼誅服，其部屬多屬浙人，亡命入海，糾結日人來寇。其後，勾引日人來犯的，如許棟、汪直、徐海、汪澈等，幾爲浙濱土著，而浙海巨盜，與浙江豪門勢家，每與日人狼狽爲奸，勾連主藏，以是發縱指使，倭寇益發鴟張。此爲人爲的原因。

寧波、紹興爲日本入貢中國故道。如明嘉靖二年（日本後柏原天皇大永三年、西元一五二三年），日本大內義興使者，與細川高國使者，因爭貢而在寧波、紹興等地，發生激變，焚殺甚慘。此則爲浙江一隅的特殊原因。

至日人來寇浙江，其登陸地點，輒以乍浦爲目標，尤其是明嘉靖時期爲然。降至清朝道光二十年（西元一八四〇年）至二十二年（西元一八四二年），中、英鴉片戰爭時期，英人亦屢攻乍浦。遊者謂古代烽火、土堡等防衞工事遺跡，仍可辨認。清光緒年間，政府猶致力於乍浦之海防。

二　福建江蘇災情一斑

福建受災最慘時期，起自明嘉靖三十六年（西元一五五七年）十一月，明廷殺降，汪滶率衆南犯始。海寇以報復行動，大掠同安、惠安、南安諸縣，攻福寧州，破福安、寧德二城，屠殺甚慘。明嘉靖三十七年（西元一五五八年）四月，圍福州，經月不解。福清、永福諸城，皆被攻毀，蔓延於興化，奔突於漳州，其患盡於福建。

明嘉靖三十八年（西元一五五九年）十一月，陷興化府，大肆殺掠，繼踞平海衞不去（參考明史日本傳）。

直至明嘉靖四十三年（西元一五六四年）二月，明將戡平倭亂，首尾八載，海寇在閩的禍害，據「明史紀事本末」說：「破閩城十餘，掠子女財物數百萬，官軍吏民戰及俘死者，不下十餘萬。」至貪墨大吏，如阮鶚之搜括民財，動以千萬計，以之賂寇；而地方官吏與無紀客軍的重課、壓榨，則猶未列入。此八年間，政府用兵剿倭，轉漕軍食，天下爲之騷動，故「明史紀事本末」說：「閩之受禍，倍蓰於粵。」是知福建受災之重，遠勝於廣東。

茲據「明史地理志」的記載，發現福建人口，亦有逐代減少的趨勢：

明洪武二十六年（西元一三九三年），福建戶數爲八一五、五二七戶。人口爲三、九一六、八〇六口。

明弘治四年（西元一四九一年），福建戶數爲五〇六、〇三九戶。人口爲二、一〇六、〇六〇口。

明萬曆六年（西元一五七八年），福建戶數爲五一五、三〇七戶。人口爲一、七三八、七九三口。

按在此二百七十年間，福建人口總數減少一、一七八、〇一三，幾達其總人口的三分之一。福建人口減少原因，固與明代中葉，國內終年變亂有關，但明嘉靖時期的倭患，當爲其主因。（按「明史地理志」僅有洪武、弘治、萬曆三朝的戶口紀錄。）

江蘇爲全國財賦最富之區，而蘇州、松江、常州三地，則又富甲全蘇。以人口言，蘇州、松江、常州三府，在明洪武二十六年（西元一三九三年），總計戶數有八九三、六二八戶。人口有四、三三五〇、三七〇〇口。在明弘治四年（西元一四九一年），蘇州、松江、常州三府，總計戶數有七八六、〇六〇戶。人口有二、九〇三、七七三口（明史地理志）。從戶口統計數字來看，蘇、松、常三府，與其他各省戶口數額，在同一時期比較，均超過不少；不論福建、四川、廣東、廣西、雲南、貴州，任何一省，均無出其右者。戶口的稠密，象徵該地區經濟繁榮，所以明代全國最繁榮的地方，也可說是蘇、松、常三府。

再以明代秋糧米的徵收數字來看，顯然的，明代產米中心在南方，而南方產米中心，又在蘇州、松江、常州三府。卽以明萬曆六年（西元一五七八年）爲例，南方各省所徵收的秋糧米，約一千五百零八萬六千一百七十二石。北方各省所徵收的秋糧米，約六百九十四萬六千九百七十八石。兩者比較，南方各省繳納的秋糧米，多過北方各省約八百一十三萬九千一百九十四石，竟逾一倍以上。而蘇州一府所繳的秋糧米，則達二百零三萬八千八百九十四石，幾乎和布政司（按明代行政區域，以南、北二京，十三布政司，分治全國各地。）中，以繳納秋糧米最多的浙江、江西二省相彷彿。前者是二百三十六萬九千七百六十四石，後者是二百五十二萬八千二百六十九石。若與其他各省較之，則超出更多。松江、常州二府，秋糧米的總數是一百五十四萬六千一百八十石，如與蘇州府秋糧米合併計算，則天下任何一布政司的秋糧米，都不能與之媲美（參考吳緝華中國歷史地理明代篇）。

富甲全國的蘇州、松江、常州三府，以及漕運大道的通州、揚州、淮安，每爲倭寇犯蘇不可或缺的目標，焚殺之餘，飽載而去，蘇人受禍之奇重可知。

叁拾玖　明代兩大外患的平息

明代兩大外患，一爲「南倭」，一爲「北虜」（蒙古），南北侵擾，兩面受敵。自明太祖、成祖以降，明室在北邊設要塞，修邊牆（長城），選精兵，以抗北元；在東南則調防設寨，剿撫兼施，以平倭亂。「南倭」、「北虜」爲患二百餘年，雖至明穆宗、明神宗期間，先後平息，但國家長期用兵，軍需浩繁，而兵燹之後，政府與民間元氣，兩皆斲喪，國勢從此不振，殆爲不可否認之事實。

一　北虜的平服

朱元璋定都應天，稱帝之後，雖遣大將徐達追擊蒙古殘餘武力，遠至塞外，繼而明成祖四次親征，足跡深入外蒙古的斡難河（黑龍江的鄂嫩河）以北之地，但是這兩位明代的英明君主，仍然不能將元代後裔消滅，時而臣服，時而叛離。他們盤踞塞外，東有韃靼（按元順帝殂，子孫繼立又三世，五傳至現特穆爾，當明建文四年，爲其臣鬼力赤篡弒，改國號爲韃靼。）西有瓦剌（即斡亦剌），寇邊掠奪，頻頻侵犯，對中國威脅極大。

明室爲防蒙古人的寇邊，在薊遼，則於大沽海口，置有大兵；在山海關外，則以中前、前屯、中後、中左、中右五所，增配重兵，以爲戒備。

明世宗之世，西方的瓦剌，實力大增，據有綏遠、河套之地，猖獗成患，是「北虜」的極盛時代。

自明嘉靖二十一年（西元一五四二年），瓦剌的俺答寇凌山西，全境蹂躪殆徧，殺戮近三十萬人，從此，內犯不息，掠無虛日。

迨明嘉靖二十九年（西元一五五〇年），瓦剌又突入古北口，直薄明都北京，明軍師老疲憊，不敢迎戰，任其飽掠，滿載而去。此時，嚴嵩任「英武殿大學士」，媚上竊權（按成祖卽位，使大學士參機務，因握丞相實權。）一味掩飾。明廷對瓦剌，雖願以互通貿易，為息兵條件，但俺答貪求無厭，益加肆凌，此後，西起延綏，東至遼東，連年破兵，更無忌憚矣。

明嘉靖四十二年（西元一五六三年），再迫京畿，朝野震動。

明穆宗卽位，邊禍仍不靖，所幸南方倭寇已平，明廷乃調譚綸、戚繼光、李成梁等名將，戍鎮北邊薊明、遼東諸地，修飭邊備，以阻強敵。

明隆慶四年（西元一五七〇年），俺答之孫巴噶奈濟（一作把漢那吉），以俺答奪其妏妻三娘子，憤而來降，明廷利用時機，特予優容，並厚撫之。俺答方西略吐魯番，聞訊，迅卽率軍引還，約集諸部入寇。

此時，明廷由徐階、張居正等名賢輔政，革新政治，政績燦然。敵勢既非昔比，明軍亦非昔怯，來犯輒不利。俺答以入寇不得利，乃遣使入明請命，明令縛送拜牲諸叛人，以易其孫。俺答隨執諸叛人來獻，明亦釋其孫歸，俺答感泣，誓不犯邊。

明隆慶五年（西元一五七一年），明穆宗册封俺答爲「順義王」，並名其居城爲「歸化」。繼而，瓦剌之別部，亦來歸順，明遂恢復互市，沿邊廣開馬市，於是蒙人輒以其馬、牛、金、銀，來易中國之布帛、釜鍋。從此，自宣、大以迄甘肅，相安無事，邊禍靖矣。

二　南倭的平定

南方的倭寇（按明嘉靖以降，倭寇組成分子包括中、日匪類，故亦稱海寇。）雖於明嘉靖四十三年（日本正親町天皇永祿七年、西元一五六四年），爲譚綸、戚繼光、劉顯、俞大猷諸將，先後平定。惟至明穆宗隆慶三年（日本正親町天皇永祿十二年、西元一五六九年），廣東巨寇曾一本、黃朝太等，又復導引日人來寇，旋爲官軍擊潰，曾一本被誅。其黨粱本豪，蜑賊也，流竄海中，習水戰，復於明隆慶四年（日本正親町天皇元龜元年、西元一五七〇年）一月，結日人爲助，攻陷廣東廣海衞（在廣東赤溪縣西），大肆殺掠而去（參考通鑑明紀）。

明隆慶六年（日本正親町天皇元龜三年、西元一五七二年）二月，海寇攻破碣石、甲子諸衞所。同年閏二月，倭寇五千犯化州（今廣東化縣）、石城縣（今廉江縣），陷雷白（廣東縣名）錦囊所、神電衞。而吳川、陽江、茂名、海豐、新寧、惠來諸縣，亦被焚毀。繼犯雷州（今廣東海康縣）、廉州（今廣東合浦縣）、瓊州（今廣東瓊山縣）三郡，均受其患。「僉事」李材（李遂之子）追破之石城，設伏海口，伺其遁而殲之，奪還婦女三千餘。會奸人導引日人，自黃山間道潰而東，李材督言大軍數道至，以疑賊，而返故道迎擊，盡殺之。繼又追擊海寇於雷州，寇奔英利，皆遁去。李材復於陽江，降服賊渠許恩。

明神宗萬曆二年（日本正親町天皇天正二年、西元一五七四年），海寇犯浙東寧波、紹興、臺州、溫州四郡。

同年閏十二月，海寇攻陷廣東銅鼓衞雙魚所，張元勳大破之儒峒，俘斬八百餘級。

明萬曆三年（日本正親町天皇天正三年、西元一五七五年），海寇犯廣東電白。

明萬歷四年（日本正親町天皇天正四年、西元一五七六年）十月，海寇犯浙東定海。

明萬曆八年（日本正親町天皇天正八年、西元一五八〇年），海寇犯浙江韭山，及福建澎湖東湧。

明萬曆十年（日本正親町天皇十年、西元一五八二年）三月，海寇犯浙東溫州。

同年六月，梁本豪勾引日人，再寇廣東。「總督」陳瑞與「總兵官」黃應甲相謀，分水軍二：南駐老萬山備日寇，東駐虎門備蜑賊。別以兩軍備外海，兩軍扼要害。本豪來犯，水軍沈蜑舟二十，生擒本豪，諸軍競進，大破之石茅洲。蜑賊復奔潭洲沙灣，聚舟二百，與日舟十艘相犄角，明軍合力追擊，先後俘斬一千六百餘級，沈其舟二百餘，撫降者二千五百人。其另一股海寇，趨犯瓊州、崖州，黃應甲復敗之，斬首二百，奪其舟。明神宗得捷報，告謝郊廟，宣捷受賀。

明萬曆十六年（日本後陽成天皇天正十六年、西元一五八八年），海寇復犯浙江，惟此時「疆吏懲嘉靖之禍，海防頗飭，賊來輒失利。」（明史日本傳）。至是，南倭餘患消除，東南遂定。

明代倭亂最劇之地，北起淮陽，南迄廣東，而福建的漳（州）、泉（州），浙江的招寶（關），因是日本貢道所必經，故閩、浙防務，亦爲重要；即以浙江而言，府、縣有城者四十，而砦、寨、堡、隘的增設，爲數更多。在福建則有五水寨之設。在廣東則集重兵於東、中、西三路，分路警備。在淮陽則有總兵駐通州，而大河口、狼山、周家橋、掘港、鹽城、東海等地，亦屯大軍鎮守。同時，明廷又在浙江杭州、磐石等地，大量添造戰船，以爲防範資用之具，是則飄忽海上的倭寇，無所施展其剽奪技倆。故南倭的平定，歸功於海防的整飭，與將士之用命。

「北虜」、「南倭」之患雖息，而國家元氣亦隨之大創。此時，舉國上下，原冀休養生息，與民更始，以遂中興山河大業之志。

惟明萬曆二十年（日本後陽成天皇文祿元年、西元一五九二年），明室因出師支援朝鮮，反抗日本的侵略，致與日本展開七年之久的中、日、朝鮮戰爭，明雖獲勝，然所費代價亦鉅，喪師數十萬，費餉七百八十萬兩，其爲朝鮮効力者，不可謂爲不大。故中、日、朝鮮戰爭之後，朝鮮對日本，外雖修好，內則深抱怨恨，而感明之恩誼亦益深。當明亡後，李氏王朝在宮中設立「大報壇」，每年皆致祭明太祖、神宗、毅宗（思宗）三帝。對毅宗殉國，尤爲崇敬。之後，朝鮮雖臣事於清，但百餘年間，朝鮮不少地方，因崇朱明而卑滿清，故仍多奉明朔，足見朝鮮朝野念念不忘明室。當朝鮮英祖二年丙午（清雍正四年、西元一七二六年），北青明毅宗御筆非禮不動碑立碑，其碑文有謂：「偶得崇楨御筆四大字，而來付與故奉朝賀宋時烈仍貞珉建祠其傍，名曰『萬東』，蓋取一間茅屋祭昭王之意。嗚呼！此豈非體聖祖尊周之大志歟……寶畫如新，再三欽奉，涕泗被面……以伸追慕之忱云爾。」觀此可知朝鮮感恩明室，歷久不衰，此乃輸心誠服者。

此時，中國東北角上的愛新覺羅氏，已崛起强大。明萬曆四十四年（西元一六一六年），努爾哈赤（清太祖）正式稱汗，叛明西犯，明軍與之交戰，潰不成軍。終以鎭守山海關的「總兵官」吳三桂，「不愛江山愛美人」的一念私忿，開關迎敵，甘爲前驅，故至明崇楨十七年（西元一六四四年），多爾袞入據北京，毅宗殉國，明雖未亡，而大河南北，已爲清人所有矣（按明崇楨九年，清太宗廢汗稱帝，改金爲清）。

肆拾　明代防倭軍事措施

一　由剿撫兼施轉變為固守海島

明代當太祖、成祖之世，國勢正盛，對倭戰略，採用「剿撫兼施」的雙線原則。降至明世宗一代，內亂紛至沓來；如甘州之亂、青州王堂之亂、大同軍亂、田州指揮岑猛叛亂、猺人再叛、遼東軍亂、四川邊番之亂、河南柘城之亂。而外患日亟；如北方的俺答，亦於此時益形猖獗，直薄京師，國本幾動，朝野震撼。至南方的倭寇，又與中國盜賊夤緣結合，賊勢益狂，東南各省，慘遭糜爛。由於南北兩大外患的交互侵凌，與腹部之患的此起彼伏，迫使嘉靖王朝顧此失彼，捉襟見肘。「兵部」銓衡輕重緩急，妥置國防重點於北方，以抗強大的俺答；對南方則採取消極的防禦，此明代防倭，由剿撫兼施，轉變為固守海島的原因。

「兵部」對日既採防禦政策，故其戰略，則以固守海島為主，以太倉、崇明、嘉定、上海、沙市、福蒼、東莞等地，劃為防守上的軍事要地，另以戰艦巡邏普陀大衢。而陳錢山為浙、直（江蘇）分路之始，狼、福二山約束首尾，交接江洋，乃以水師固守。在福建則恢復五水寨舊制；於福寧的烽火門、福州的小埕澳、興化的南日山、泉州的浯嶼、漳州的西山澳（銅山），復置五水寨建制，加強海防實力。

二　明代的海防

語云：「三十年爲一世」，人事的變化，固多隨時間而異其志，但山川險易，則初不於數百年之間，而遽有陵谷滄桑之改。即以對日八年抗戰而言，日人奔突之跡，衡之歷史，往往爲古人用兵所由；如民國二十六年(日本昭和十二年、西元一九三七年)蘆溝橋事變，而淞滬血戰，暴日登陸乍浦，掀起中國對日全面抗戰，而乍浦一隅，則爲明代倭寇內犯之唯一登陸基地。殷鑑不遠，懲前毖後，爰輯明代海防一節，藉供有志研究國防史實者參考之資，惟部分史料，因「八七」潦災浸毀，容待收集補訂之。

(一)　福建的海防

明洪武二十年(西元一三八七年)，「江夏侯」周德興經略沿海地方，設立福寧、福州、左福州、右福州、中鎭、東興化、平海、泉州、永寧、漳州、鎭海等十一衞。大金、定海、梅花、萬安、蒲禧、崇武、福全、金門、中左、高浦、陸鼇、銅山、元鍾等十三所。大賃、麻嶺、北茭、五虎門、閩安鎭、石梁、焦山、小社、松下、澤郎、牛頭、門壁頭、迎仙、冲沁、崁頭、吉丁、峯尾、黃崎、小岞、獺窟、祥芝、深滬、烏潯、圍頭、官澳、田浦、烈嶼、塔頭、高浦、濠門、海門、島尾、井尾、青山、後葛、古雷、金石、洪淡等四十四巡司。

明永樂年間，復設烽火、南日、浯嶼三水寨。明正統初年，「侍郎」焦宏以烽火、南日、浯嶼三水寨，孤懸海中，乃徙烽火於松山、南日於吉了、浯嶼於嘉禾，各仍其舊稱。又設小埕、銅山（在井尾地方）二水寨。明景泰二年（西元一四五一年），「尚書」薛希璉將井尾官軍，遷移於銅山西山澳。之後，將銅山水寨南哨，改爲元鍾澳，仍屬寨轄。

安邊館始自明嘉靖七年（西元一五二八年）「都御史」胡璉選委各府，佐理其事。旋，「都御史」王忬於流江、官井洋、松下、閩安鎮、連磐、湄州、泥滬、獺窟、圍頭、料羅、元鍾，各設游兵船。

水寨所轄範圍，亦有明確劃分：自福寧州流江以南，至羅源縣濂澳門，約五百里，則以烽火水寨轄之。自濂澳門以南，至福清縣牛頭門巡檢司，約四百里，則以小埕水寨轄之。自牛頭門以南，至晉江縣祥芝巡檢司，約五百里，則以南日水寨轄之。自祥芝以南，至漳浦縣井尾巡檢司，約四百里，則以浯嶼水寨轄之。自井尾以南，至詔安縣洪淡巡檢司，約三百里，則以銅山水寨轄之。自洪淡以南，至廣東柘林寨，約一百里，則以元鍾澳轄之。兵家稱謂「信地」者也。

談到水寨，吾人可自胡宗憲的「福洋五寨會哨論」，明瞭五水寨的分布形勢，與其會哨的軍事價值其詳。他說：「烽火門水寨；設於福寧州地方，以所轄官井、沙埕、羅浮，爲南、北、中三哨。其後，官井洋添設水寨，則又以羅江、古鎮，分爲二哨，是在烽火、官井，當會哨者有五。小埕水寨；

設於福州府連江縣地方，以所轄閩安鎮、北茭、焦山等七巡司，為南、北、中三哨，是在小埕寨當哨者有三。南日水寨；設於興化府莆田縣地方，以所轄沖心、蒲禧、崇武等巡司，為三哨。而文澳港哨，則近添設於平海之後，是在南日當會哨者有四。浯嶼水寨；設於泉州府同安縣地方，上自圍頭以至南日，下自井尾以抵銅山，大約當會哨者有二。銅山水寨；設於漳州府漳浦縣地方，北自金山以接浯嶼，南自梅嶺以達廣東，大約當會者，其哨有二：由南而哨北，則銅山會之浯嶼，浯嶼會之南日，南日會之小埕，小埕會之烽火，而北來者，無不備矣。由北而哨南，則烽火會之小埕，小埕會之南日。南日會之浯嶼，浯嶼會之銅山，而南來者，無不備矣。哨道連絡，勢如常山，會捕合併，陣如魚麗，防禦之法，無踰如此。」

胡宗憲以五寨會哨，俾收「出奇無窮」之效，而予敵之大創。

胡宗憲的「福洋要害論」，則指陳扼守五寨要害，可不攻而使倭寇自遯。他說：「三四月東南風汛，番船多自粵趨閩，而入於海。南澳雲蓋寺走馬溪，乃番船始發之處，慣徒交接之所也。附海有銅山、元鍾等哨之兵，若先分兵守此，則有以遏其衝，而不得泊矣。其勢必拋於外浯嶼，外浯嶼五乃澳地方，番人之巢窟也。附海有浯嶼、安邊等哨守之兵，若先會兵守此，乃撥小哨守把要緊港門，則必不敢以泊此矣，其勢必趨於料羅、烏沙。料羅、烏沙，乃番船等候接濟之所也，附近有官澳、金門等哨守之兵，若先會兵守此，則又不敢以泊此矣。其勢必趨於圍頭、峻山。圍頭、峻山，乃番船停留避風之門戶也，附海有深滬、福金哨守之兵，若先會兵守此，則又不敢以泊此矣。其勢必趨於福興。若越於福興，計其所經之地；在南日則有岱墜、湄州等處，在小埕則有海壇、連盤等處，在烽火門則有官井、流江、九澳等處，此賊船之所必泊者也，若先會兵守此，則又不敢泊矣。來不得停泊，去不得接濟，船中水米有限，人力易疲，將有不攻而自遯者，況乘其疲而夾力攻之，豈有不勝者矣？」

果如胡宗憲所論，則外船漂泊海上，將無登陸之處。惟今日新式軍艦之威力與航程，遠非昔日帆船所能比擬，且其補養，亦可仰賴海上運輸船隊的源源供給，雖不能停碇，亦無損其戰鬪力量。但胡宗憲所指船泊停泊之地，因係海防要塞，時至今日，仍有其參考價值。

福寧為倭寇犯閩首衝之地，胡宗憲認為保障閩海，先須固守福寧，因有「福寧州論」，以說明其在軍事上的價值。讀者讀此，亦可瞭解福建環海的地理形勢。他說：「八閩之地，二面當海者二：興、泉是也。一面當海者二：福、漳是也。寇閩要衝；晉江之深滬、獺窟、興化之沖心、平海、龍谿之海門、漳浦之島尾、南靖之九龍、寨溪皆是也。然莫有如福寧州之尤險者，蓋大地情勢，自西北而東南，至於福建盡之矣。而福寧尤在福建之東南，突出海中，如人吐舌然，其左為甌括海居東，而其右為福興海居南，而福寧獨當東、南、北三面之海，倭船入寇，必先犯此，水寨之設，職此之故也。舊寨在州東北五六十里三沙海面，永樂初所置，抽用福州、中左二衞，福寧衞大金千戶所軍守之，蓁嶼、羅浮、官井洋，背屬焉。正統間，焦宏倡議風濤難泊，徙今松山之下，必復舊而後可。」

胡宗憲是明代資兼文武，智勇雙全的軍事家，亦政治家，在明嘉靖末年，盡督東南數十府，統率大軍勦倭，保障民黎，功不可沒。惟因稍事嚴嵩、趙文華，為時論所不滿（其實摻雜政治恩怨），史家或以其小節有虧，亦少褒其功，實則胡宗憲在平倭戰役中，身負統帥重任，運籌帷幄，關係整個戰局前途，其功不應抹煞，而其對倭情之透徹瞭解，海防之各項建議，尤具獨到見解，故筆者對其國防言論，多所採用，不以人而廢其言也。

明代除設置衛、所、巡司、水寨，加強海防外，對將領的配置，亦特重視：衛、所有指揮，千戶、百戶、巡司有巡檢。凡水寨統以把總指揮，而各衛所歲輪；指揮千、百戶，各以其軍，往聽節制。

明正統間，「巡撫侍郎」焦宏奏改都指揮五員把總，又奏選「都指揮」張翥提督，浙、福、廣東海道。

明正統五年（西元一四四〇年），「御史」成規奏革三省海道，除「都指揮僉事」王勝提督福建備倭。

明景泰四年（西元一四五三年），「巡撫尚書」孫原貞奏革各水寨把總、都指揮，祗委指揮五員，把總一年一更。至把總、指揮，五年一代，則明弘治十三年（西元一五〇〇年），依太監鄧原之請也。若元鍾澳之守備，亦以指揮充之，而各要害遊兵官，則指揮、千、百戶雜用。

明嘉靖三十一年（西元一五五二年）七月，「兵部」奏設參將一員，領勅握符，分守福州、興化、泉州、漳州地方。

福建海防要塞兵額，其編制是：衛統五所，各軍一千人、共五千人。其五寨一澳；烽火則福州、左中、福寧，共撥軍四千六十八人。小埕則福州、右鎮東、梅花、萬安、定海，共撥軍四千四百二十人。南日則泉州、興化、平海，共撥軍四千七百人。浯嶼則永寧、福全、金門、崇武、共撥軍三千四百二十九人。銅山則鎭海、陸鼇、元鍾・共撥軍一千八百二十二人。元鍾則漳州、鎭海、銅山、共撥軍一千一百三十三人。

明成化間，「都御史」張瑄欲軍得以休息，分作三班；上班本年二月上，明年二月下，下班替之。中班本年八月上，明年八月下，上班替之。下班明年二月上，後年二月下，中班替之。參差輪轉，大約一年有半年休息。休息者，月辦科銀一錢，以修戰舸。後又於出漢者，選退老弱，每人扣行糧四斗，月糧三斗，以募兵之用。

爲偵查海上倭寇動態，福建所設烽堠甚多：

在烽火界內，設有烽堠二十四處；其地爲黃崎、水澳、後崎、大青、浩東壁、黎智、白露、南鎭、沙埵、梅花、金家降、南金、小篔蕾、大篔蕾、古縣、青山、塔尾、閭峽、羅滸、長門、石湖、車安、閿崎、赤崎。

在小埵（埕）界內，設有烽堠五十三處；其地爲雁塔、裏頭、埠寨、崎達、黃崎、格上、安海、官塢、給沙、小澳、東岸、石鼓、六石、浪頭、碁山、魁洞、湖井、聖娘、中山、不嶼、蕉山、鱎鮓、斗湖、大亮、可門、大邱、小址、峯前、白鶴、江田、流水、澤朗、西松、崎山、後崙、石濃、西坑、大朗、後營、茶林、汶留、桃嶼、仙巖、前晏、塔山、馬頭、石馬、陳塘、蒲頭、雙嶼、峯頭。

在南日寨界內，設有烽堠二十處；其地爲蠣前、石獅、小澳、石井、蔡山、石城、崎頭、澄港、湖邊、埵口、新埔、三江、山柄、山西、文甲、大頭、東湖、大岞、青山、古雷、赤山。

在浯嶼寨界內，設有烽堠四十處；其地爲沙堤、古雲、東店、龍婆、深爐、東埔、浯沙、總臺、五通、井上、龍淵、東澳、徑山、東渡、廈門、流焦、牛頭、洪山、天寶、歐山、西山、葉亭、穢林、東門、坑山、洋下、陳坑、安平、石頭、石菌、肖下、錳埔、潘徑、瞭臺、西爐、亨泥、劉山、馬鑾、大員堂、歐舍。

在銅山寨界內，設有烽堠十七處；其地爲莆頭、灣角、燈火山、白塘、江口、流會、小澳、卓歧、大逕、瞭望臺、陸鰲、烽山、安集、洪邱、古樓、陳平、泊浦。

在元鍾澳界內，設有烽堠七處；其地爲瞭臺、南山、洋林、鹽倉、梅黃崎、漸山、東灣。

福建沿海險要之地，官軍據險以守者：

在烽火界內；有崙山、流江、水澳、釣澳、蓁嶼、三沙、閭峽、官井洋、古鎮、門濂、澳門等十一處。

在小埵界內；有上竿塘、下竿塘、樓簑、海壇山、濂澳、梅花巷、磁澳、松下等八處。

在南日界內；有湄州（舊南日，即南匿）、烏邱、石獅、雙嶼、青山、南哨、泥滬、文甲、張坑、大岞等十處。

在浯嶼界內；有大擔、舊浯嶼、梅林、圳上、圍頭、白沙、料羅、金門、烏沙、會厝、安南、風灣等十二處。

在銅山界內；有沙洲、黃嶼、油澳、靈官前等四處。

在元鍾界內；有南澳山、走馬溪、傅厝等三處。

戰船爲海戰之主力，明代沿海各衞所，每所配屬戰船十艘，每一衞五所，共五十艘。船有虧損，有司補造，損者，軍士自行修理，蓋載在會典，其後不復修擧（參考明卜大同，今人王婆楞輯歷代備倭制議）。

㈡ 浙江的海防

明代浙江沿海置衞十一二即金鄉、溫州、磐石、松門、海門、昌門、定海、觀海、臨山、紹興、海寧是也。千戶所三十一：即蒲門、壯士、沙園、海安、瑞安、平陽、寧村、蒲岐、磐石後、楚門、隘頑、新河、海門前、健跳、桃渚、爵溪、錢倉、石蒲前、石蒲後、大嵩、霩霩、穿山後、舟山中中、舟山中左、龍山、三山、瀝海、三江、澉浦、乍浦是也。另置沿海巡檢司四十八，寨三十三，關四、烽堠二百三十四處（地名略）。

自明洪武二年（西元一三六九年）至明成化二年（西元一四六六年），此九十七年中，倭寇掠浙凡三十四起，平均三年一起，而明嘉靖二年（西元一五三三年）至明萬曆十六年（西元一五八八年），此五十五年中，掠浙六十六起。溫州、臺州、寧波、紹興、嘉興、杭州等地，臨近海岸，成爲倭寇犯浙的最大目標，明廷爲防守此浙東富庶之地，以重兵屯守，遂成軍事重鎭。

讀者欲明瞭浙江地理形勢，與海防大概，請閱胡宗憲的「浙江四參六總分哨論」，可獲一輪廓。

胡宗憲說：「浙海諸山，其界有三：黃牛、馬墓、長塗、冊子、金塘、大榭、蘭秀、劍山、雙嶼、雙塘、六橫、韭山、塘頭等山，界之上也。灘山、滸山、洋山、馬蹟、兩頭、洞漁山、三姑、霍山、徐公、黃澤、大小衢、大佛頭等山，界之中也。花腦、求芝、絡華、彈丸、東庫、陳錢、壁下等山，界之下也，此倭寇必由之道也。海防每值春汛、戰船出海，初哨以三月，二哨以四月，三哨以五月，小揚風亦愼防之。其南哨也，至鎖下門、南麂、玉環、烏沙門等山，交於閩海而止。其北哨也，至洋山、馬蹟、灘滸、衢山等處，交於直（江蘇）海而止。陳錢爲浙、直分踪之處，則交相會哨，遠探窮搜。復於沈家門列兵船一枝，以一指揮領之，馬墓港列兵船一枝，以一指揮領之，舟山駐箚把總，兼督水陸。賊若流突中界也，則沈家門、馬墓兵船，北截過長塗、三姑，而與浙西兵船，相爲犄角，南截過普陀、青龍洋、韭山，而與溫臺兵船，相爲犄角。賊若流突上界也，總兵官自烈港，督發舟師，北截之於七里嶼、觀海洋，而參將自臨山洋，督兵應援，南截之於全唐、崎頭洋，而石浦、梅山港兵船爲之應援。是故今日之設險，自內達外有三：會哨於陳錢，分哨於馬蹟、洋山、普陀、大衢，爲第一重，出沈家門，馬墓之師，爲第二重，總兵督發兵船爲第三重，備至密也。所患者海氣溟濛，咫尺難辨，風濤忽欻，安危叵測，兼之潮夕有順逆，哨報有難易，奸將往往藉以規避，吾何從而綜覈之哉！自海上用師以來，擊來賊者，僅一二見，而要去賊者，不過文其故縱之愆，識者謂宜以擊來賊之賞，優於追去賊之賞，縱來賊之罰，嚴於縱去賊之罰。風汛時月，正副總兵不拘警報有無，而親出海洋，嚴督各總僇力用命，以遏海寇於方來，則何邊不寧之有？」

胡宗憲備述設險制敵策略，讀之有親臨斯境之感。

胡宗憲開府浙江，爲時頗長，對浙江沿海設險，甚具灼見，其「舟山論」一文，備陳舟山爲日本貢道所必經，倭寇每賴舟山爲棲巢以犯浙，固守舟山，卽所以摒障浙海：

「信國公湯和經略海上，區畫周密，獨於舟山似有未妥者，蓋洪武中，倭犯中界、犯玉環、犯小獲寨，皆浙東濱海，信國所親見也。其來也，自五島開洋，衝冒風濤，困眩精神者數日，至下八、陳錢，而始稍憩，然孤懸外海，曠野蕭條，必更歷數潮泊普陀、烏沙門之類，而後得覘我兵虛實，以爲進止。若定海之舟山，又非普陀諸山之比，其地則故縣治也，其中爲里者四，爲奧者八十三，五穀之饒，魚鹽之利，可以食數萬衆，不待取給於外，乃倭寇貢道之所必由。寇至浙洋，未有不念此爲可巢者，往年被其登據，卒難驅除，可以鑑矣。我太祖神明先見，置昌國於其上，屯兵戍守，誠至計也。信國以其民孤懸，徙之內地，改隸象山，止設二所，兵力單弱，雖有沈家門水寨，然舟山地大，四面環海，賊舟無處不可登泊。設乘昏霧之間，假風潮之順，襲至舟山，海大而哨船不多，豈能必禦之乎？愚以爲定海乃（寧）、紹（興）之門戶，舟山又定海之外藩，必修復其舊制而後可。」

(三) 廣東的海防

廣東的柘林，爲倭寇出沒之地，明廷乃以重軍衞戍，並於沿海衞所，設立東、中、西三路，分兵防守。胡宗憲的「廣東要害論」，對廣東海防重點，指陳頗詳。

胡宗憲說：「廣東列郡者十，分為三路：西路高（高州，今廣東茂名縣）、雷州、廉州，近占城（今越南西貢）、滿剌（今馬六甲）諸番。中路東莞、等粵、水城，倭寇不時出沒。東路惠（州）、潮（州），與福建連壤，漳（州）泊通番之所必經，其受海患均也。故舊制每歲春汛，各澳港皆設戰艦，秋盡而掣回泊水寨。至今日則不然，倭寇衝突，莫甚於中路，亦莫便於東路，其次則南頭等處，又其次乃及高、雷、廉三府，勢有緩急，事有難易，分兵設備，亦當因之，故舊例戰船，中、東二路不過二十艘，今則各宜增益。而柘林（界連福建）為尤甚，蓋柘林去水寨，一日之程，警報未易猝達，寇若乘虛而入，柘林危矣。無柘林，是無水寨也。官兵每秋掣班，必以柘林為堡，控賊咽喉，附近大城所軍，互為聲援，庶保無虞焉耳。嘗聞南洋灣鄉夫，在於東路屢勝眞倭，烏艚船子弟兵，昔在中路首擒亞八，此皆宜素養者也。編號定甲，更番作息，無事則隨宜農商，以養其財，聽用則時使休閒，以養其力，有警則預給工食，椎牛釃酒，以養其氣。恩威相濟，務得其心，有不戰，戰必勝矣。雖然亦未也，沿海港口，賊舟何處不可衝入，斷賊入路，策之要也。姦民與賊交通，餽之酒米，餽之衣服，餽之利器，斷賊內交，策之要也，海防者不可以不知。」

胡宗憲又復主張廣東、福建、浙江三省，於聯界處會哨，互為聲援，以免各省孤圍受敵。

胡宗憲說：「大海相連，地畫有限，若分界以守，則孤圍受敵，勢弱而危，陳緝捕之謀，能不有賴於相須乎！思考入番罪犯，多係廣、福、浙三省之人，通夥流劫。南風汛，則勾引夷船，由廣東而上，達於漳、泉，蔓延於興、福。北風汎，則勾引夷船，由浙而下，達於福寧，蔓延於興、泉。四方無賴，又從而救濟之、嚮導之。若欲調兵勦捕，攻東則竄西，攻南則遁北，急則潛移外境，不能以窮追，緩則旋復合綜，有難於卒殄，此夷船與草橵船之大勢也。又有一種姦徒，見本處禁嚴，勾引外省，在福建者，則於廣東之高、潮等處造船，浙江之寧、紹等處置貨，糾黨入番。在浙江、廣東者，則於福建之漳、泉等處造船、置貨，糾黨入番。此三省之所弊也，故福建捕之，而廣、浙不捕，不可也，廣、浙捕之，而福建不捕，亦不可也。必嚴令各官，於連界處會哨，如在福建者，下則哨至大成千戶所，與廣東之兵會，上則哨至松門千戶所，與浙江之兵會。在浙江者，下則哨至流江等處，與烽火之兵會。在廣東者，上則哨至南澳等處，與銅山之兵會。遇有倭患，互為聲援，協謀會捕，賊勢豈有不孤窮，而海患豈有不戢寧者哉？」

㈣ 江蘇的海防

江蘇的淮安、揚州，為江北漕運大道，不僅是江、淮的要衝，亦為南北交通的襟喉，是國家命脈所繫。故江北的設防，關係重大，明廷置總兵坐鎮通州，屯大軍嚴密警戒。

胡宗憲說：「淮、揚二郡，介於江、淮之間，東瀕大海，賊舟出沒，三面提防為難。國初，備倭之制，淮安設衞二，內屬所五，外屬所五。揚州設衞三，內屬所十四，外屬所三。復建兵府，雖職司轉漕，實示控扼之勢，蓋南北咽喉，非他郡比也。愚考其地形，起自東南蓼角嘴，以抵姚家蕩，綿延三四百里，除安豐等三十六場，俱在腹內。要害之處，乃通州也，狼山也，揚樹港也，裏河鎮也，餘東、餘西等場也，掘港、新閘港也，廟灣、劉莊、金沙場也。其尤要者有三：曰新場，出入至近，逼近揚州也。曰北海，所從以通新閘港，且有鹽艘聚泊也。曰廟灣，其爲巨鎮，而通大海口也。當事者須設把總三人，一駐新場，一駐北海，一駐廟灣，更用陸路遊擊一員，駐箚海安，則東可以控制通州、狼山、海門之入，而西可以捍衛揚州矣。」（胡宗憲江北設險方略論）

狼山地處要害，明廷特設總兵於此，統攝大江南北。而大河口、周家橋、掘港、鹽城、東海，均爲要塞之地，亦集重兵屯守。崇明、劉家河、福山港，因是倭寇出沒之地，明置大兵防範，乃成海防重鎮。

胡宗憲又認爲欲摒障中原，拱衛留都，則須控制江、淮要害。他說：「天下之水，在北莫大於河，在南莫大於江，常、鎮、淮、揚，當江河入海之際，雖極大艟艦，皆可乘潮而入。近歲倭寇佯言分刼，其心之狡，實欲自長江，以趨留都，自淮河以窺中原，而終不敢深入者，由四府之防禦堅也。必水陸常會哨互援，蒼福造船，順流以遏賊鋒，或出賊後，賊欲登岸，則以團練之兵禦之，此常勝之形也。四郡無患，則中原、留都可以高枕而臥矣。」

江蘇爲全國財富中心，而蘇州尤富甲江蘇，其爲倭寇唾涎之目標，想像可知。每當倭寇來犯，財帛廬舍蕩然，且地近畿輔，震撼留都，故明廷以海、陸二軍，會同協防。胡宗憲對蘇州設險防禦，亦有卓論：

「蘇州爲畿輔望都，濱於大海，自吳淞口以南，黃埔江以東，海壖數百里，一望平坦，皆賊逕道。往因不能禦之於海，至倭深入，二府、一州、九縣之地，無不創殘，其禍慘矣。松江之有海塘，而無港口者，則自上海之川沙、南滙，華亭之青村、柘林，凡賊所據以爲巢者，各設陸兵把總以屯守之。而金山界於柘林、乍浦之間，尤爲直、浙要衝，特設總兵以爲陸兵之統領，又於其中添建游兵把總一員，專駐靑山，往來巡哨，所以北衞松江，而西援乍浦也。至於蘇州之沿海而多港口者，則自嘉定之吳淞所，太倉之劉家河，常熟之福山港，凡賊舟可入者，各設水陸把總以堵截之。而崇明孤懸海中，尤爲賊所必經之處，特設參將以爲水兵之領袖，又於其中添置游兵把總二員，分駐竹治、營前二沙，往來會哨，所以巡視海洋，而警報海口也。內外夾持，水陸兼備，上之可以禦賊於外洋，下之可以巡塘而扼守，亦旣精且密矣。」

江蘇、浙江、福建三省毗鄰，如能聯防會哨，責任相連，羣力夾擊，可靖倭患於無窮，故胡宗憲特申其利害說：

「浙東地形，與福建連壤，浙西地形，與蘇（州）、松（江）連壤，利害安危，各有輔車相依之勢。故初制，責浙兵巡撫，總督浙、直、福分哨各官，互爲聲援，而不許自分彼此，畫地有限，責任相連，北廟謨之所爲善，而海防之所以爲固也。愚考海中山沙，南起舟山，北至崇明，或斷或續，暗沙連伏，易於擱淺，賊舟大者，不能東西亂渡，如遇東北風也，必由下八、陳錢、馬蹟等山，以犯浙江，而流突乎蘇、松。如遇正東風也，必由茶山西行，以犯淮、揚，而流突乎常（州）、鎭（江）。

如遇正北風也，必由琉球以犯福建，而流突乎溫（州）、臺（州）。三途寫遠，瞭望難及，責總兵官撥游兵把總、領哨千戶等船，往來會哨。其在浙江也，南則沈家門兵船哨至福建之烽火門，而與小埕兵船相會，北則馬墓兵船哨至蘇州洋之洋山，而與竹箔沙兵船相會。其在蘇、松也，南則竹箔沙兵船哨至洋山，而與浙江之馬墓兵船相會，北則營前沙兵船哨至茶山，而與江北之兵船相會。諸哨緒繹，連如長蛇，羣力合併，齊如扛鼎，南北挾擊，彼此不容，豈惟逐寇船於一時，殆將靖寇患於無窮矣。」（胡宗憲浙直福兵船會哨論）

肆拾壹　倭寇大江南北民間孝節錄

明嘉靖時期，內亂外患頻仍，政治風氣窳敗，上貪下惰，政以賄成，殆為不可否認之事實。但倭寇大江南北，浙東西之際，民間盡孝盡節，可歌可泣之事蹟，則又為此一時代之奇葩，此正足說明我民族倫理，在任何險惡環境之中，均能屹立不墜。我國民因受數千年優美文化的長期陶冶，其擇善固執，臨危取義的精神，在顛沛流離中，更能鍥而不捨，發揮盡致。

值今大陸陷匪，社會風氣乖張，人倫失常，人慾橫行，喪風敗德之事，層出不窮，既犯禮義之分，又壞廉恥之防。筆者爰就明嘉靖大動亂時代，倭寇蹂躪東南，民間捨生取義之史實，特輯一章，以成「孝節錄」，藉與今日大陸共匪，所倡行的「一杯水」主義、「新婚姻法」，以及子女清算父母之種種鮮廉寡恥，不仁不孝之事，作一強烈對照焉。

一　東南八孝子

倭寇東南，孝子以衞父母，而見殺者甚衆，得旌於朝者，有下列諸人：

王在復，太倉人，年二十一，從父讀書城外，倭入犯，父子亟奔入城，父體肥，不能速行，中道遇賊，遂相失。在復走二里許，輾轉尋父，聞父被執，即趨賊所，叩頭求免，賊不聽，拔刀擬其父，在復以身蔽之，痛哭哀求，賊怒，並殺之，兩首墜地，而手猶抱父不釋，時明嘉靖三十三年（西元一五五四年）五月也。

王鐕，黃巖人，隨父顯避賊，顯被執，將殺之，鐕即趨前請代，賊遂殺鐕而釋顯。

向敍，慈谿人，爲諸生，倭入寇，以縣無城，掖母出避，遇賊，踣敍而砍其母，敍急起抱母頸，大呼曰：「寧殺我，毋殺我母。」賊如其言，母獲全。敍與鐕俱以明嘉靖三十五年（西元一五五六年）旌表。

蔡元銳，無錫人，與弟元鐸並孝友，倭犯無錫，入元銳家，兄弟急扶父，升屋避匿，而元銳爲賊執，令言父所在，堅不從，遂殺之。元鐸不知兄死，明日持重資往贖，並見殺。明嘉靖三十八年（西元一五五九年）旌表。

殷士望，丹徒人，事親孝。倭犯京口，父被掠，士望請代死，賊笑而試之，火灸刀刺，受之怡然，賊兩釋之。明嘉靖四十三年（西元一五六四年）旌表。

其他未及旌表者，尚有下述諸人：

陳經孚，平陽人，倭至，負母出逃，遇賊索母珥環，欲殺之，經孚以身翼蔽，賊怒揮刃截耳及肩而死，手猶抱母頸不解。

龔可正，嘉定諸生，負祖母避賊，天雨泥濘，猝遇賊，賊惡見婦人，欲殺其祖母，叱可正去，可正跪泣請代，賊不從，可正以身覆祖母，賊並殺之。

伍民憲，晉江人，扶父避難，遇賊，長跪哀告曰：「勿驚我父，他物任取之。」賊不聽，竟殺其父。民憲憤，挺身殺二賊，傷數賊，賊至益多，斷民憲右手，臥草中，猶一手執戈呼其父，三日而絕。

二　沈氏六節婦

慈谿沈氏六節婦：章氏，祚妻。周氏，希魯妻。馮氏，信魁妻。柴氏，惟端妻。孟氏，弘量妻。孫氏，琳妻。所居名沈思橋，近海，族衆二千人，多驍黠善鬥。明嘉靖中，倭賊入犯，屢殲其魁，奪還擄掠，賊深讎之。一日，賊大至，沈氏豪誓於衆曰：「無出婦女，無輦貨財，共以死守，違者誅。」章氏亦集族中婦女誓曰：「男子死鬥，婦人死義，無爲賊辱。」衆竦息聽命。賊圍合，羣婦聚一樓以待。既而賊入，章先出，投於河，周與馮從之。柴方爲夫礪刃，即以刃砍賊，旋自刃。孟與孫爲賊所得，奪賊刃自刺死。時宗婦死者三十餘人，而此六人尤烈。

三　沙縣二節婦

黃氏，沙縣王恂妻。明嘉靖中倭亂，流刼其鄉，鄉之比鄰，皆操舟爲業。賊至，衆婦登舟匿艙之，黃兀坐其外，衆婦呼之曰：「不虞賊見乎？」黃曰：「蓬窗安坐，恐賊至不得脫，我居外，便投水耳。」賊至，黃躍入水中死。

張氏，同縣羅舉妻，從父避亂巖穴間。賊至，張與妾及妾子，俱爲賊所獲，賊見張美，欲犯之，不從，至中途，張解髮自縊，賊斷之，張又解行纏，賊又覺之，徒跣趨至賊營，賊魁欲留之，張厲聲曰：「速賜一死」，賊謂：「不畏死，吾殺汝妾。」張引頸曰：「請代妾，留撫孩嬰。」賊曰：「吾殺孩嬰」，張引頸曰：「請代孩嬰，存夫嗣。」賊令牽出殺之，張了無懼色，賊方猶豫，張罵不絕口，遂遇害。投屍於河，數日屍浮如生。

四　松溪三節婦

葉氏，松溪江華妻；陳氏，葉弟惠勝妻；偕里人避倭長潭。值歲除，里嫗覓刀爲幼男薙髮，弗得，葉出諸懷中，衆問故，曰：「以備急耳。」及倭圍長潭，執二婦，共縶一繩。葉謂陳曰：「我二人被執，縱生還，亦被惡名，死爲愈。」陳唯唯。葉探刀於懷，則已失，各抱幼女跳潭中死。

林壽妻范氏，亦與婦匿山塢，倭搜得，衆婦偕至水南，范獨與抗。或謂：「姑順之，家且來贖。」答曰：「身可贖，辱可贖哉？我則寧死。」賊聞言，殺其幼女以爲恐，不爲動，曰：「固我願矣。」，賊殺之。

五　政和母女殉節

張氏，政和游銓妻。倭寇將至，婦數語其女曰：「婦道惟節是尚，值變之窮，有溺與刄耳，汝謹識之。」銓聞以爲不祥，婦曰：「使婦與女如此，祥孰大焉。」未幾，政和陷，張度不脫，連呼女曰

：「省前誨乎？」女領之，卽赴井，張含笑隨之，並死。

六　劉氏二烈女

劉氏二女，興化人。明嘉靖四十一年（西元一五六二年），與里中婦，同爲倭所掠，繫路旁神祠中。倭飲酣，逼視繫中，先取其姊，姊厲聲曰：「我名家女也，肯污賊乎？」倭笑慰之曰：「若從我，當詢父母歸汝。」女曰：「父母未可知，此時尙論歸耶？」倭尙撫背作款曲狀，女怒大罵。時黃昏，倭方縱火，女卽赴火死。復侵其妹，妹又大罵，倭露刃脅之，不爲動，曰：「欲殺卽殺」，倭欲強犯之，女紿曰：「吾固願從，俟姊骨燼乃可，否則不忍也。」倭喜，負薪益火，火熾，女又赴火死。同時死者四十七人，二女最烈。

七　血印和尙義釋俘婦

明嘉靖中葉，倭陷嘉興。一日，擄得善良婦女數百人，強驅至三塔灣寺，囚禁之。時廟中僧者，逃避一空，僅有一僧不忍遽離其多年淸修之地，留奉香火。倭至，見其年老，命充雜役。倭將婦女安置停當，復出打刼，留數賊看管人質。老僧因倭掠刼婦女，擬計救之。旋外出購置酒肉歸，佯稱慰勞諸賊，賊大喜，爭相牛飲，酩酊大醉。老僧趁機盡釋被囚婦女，囑速逃匿。入晚，倭大隊人馬返寺，遍尋婦女不獲，知爲老僧設計釋走，大怒，引火焚之，血印在石，直至今日，斑痕猶新。後人感念和尚捨身救人，每至春秋節日，相率前往嘉興三塔灣憑悼。惟和尚姓氏、法號不詳，故以「血印」名之焉。

肆拾貳　倭寇擾明年表

明代紀元	日本紀元	西元	大事記
太祖洪武元年	長慶天皇 正平二十三年	一三六八年	明太祖朱元璋即位應天。 十一月　明太祖遣使至日招諭。 日僧絕海中津、汝霖良佐等入明。
洪武二年	正平二十四年	一三六九年	一月　倭寇山東濱海郡縣。 三月　明太祖遣行人揚載使日。 四月　倭寇數掠蘇州、崇明，沿海之地皆患之。 翁德破倭於上幫。 八月　倭寇淮安，吳祐擊敗之。
洪武三年	長慶天皇 建德元年	一三七〇年	三月　明太祖遣萊州府同知趙秩泛海責讓日本。 六月　倭寇山東、浙江、福建濱海郡縣。 日僧興東歸國。

洪武四年	建德二年	一三七一年	六月　倭寇山東膠州，轉掠溫州、臺州、明州。 八月　倭寇福建濱海州縣。 十月　日本南朝遣使來貢，明太祖命僧仲猷、祖闡等至日報聘。
洪武五年	長慶天皇 文中元年	一三七二年	倭寇浙江海鹽、澉浦，及福建海上諸郡。
洪武六年	文中二年	一三七三年	三月　明太祖以指揮使於顯爲總兵官備倭。 七月　倭寇沿海侵犯，逐走之。 八月　倭寇福寧，明州衛指揮僉事張億討之，中流矢卒。福州衛指揮張赫追寇至琉球大洋敗之。 同月　明太祖命造船備倭。
			德慶侯廖永忠督舟師出海捕倭。 日僧竺端、井然、大道志在明。 倭寇山東登萊。
洪武七年	文中三年	一三七四年	一月　明太祖命靖海侯吳禎爲總兵官，都督於顯副之，巡海捕倭。

			六月　倭寇膠州，吳禎於琉球大洋捕獲倭寇人船。 七月　日本南朝貢明。 同月　倭寇登萊。
洪武八年	長慶天皇 天授元年	一三七五年	日本北朝貢明。
洪武九年	天授二年	一三七六年	日本南朝貢明。
洪武十年	天授三年	一三七七年	日僧久菴道可歸國。
洪武十一年	天授四年	一三七八年	日僧絕海中津、汝霖良佐等歸國。
洪武十二年	天授五年	一三七九年	日本南朝貢明。 十二月　丞相胡惟庸謀叛，遣明州衞指揮林賢渡海招倭。
洪武十三年	天授六年	一三八〇年	一月　胡惟庸伏誅。 九月　日本北朝入貢，無表文，明太祖却之。 十二月　明太祖遣使譙讓日本北朝。

洪武十四年	長慶天皇 弘和元年	一三八一年	日本南朝遣如瑤貢明，表文不遜，明太祖遣使責之，有欲征之意。 十二月　曹國公李文忠諫明太祖征日，明太祖從之。
洪武十五年	弘和二年	一三八二年	三月　日本南朝遣廷用文珪使明。
洪武十六年	後龜山天皇 弘和三年	一三八三年	倭寇浙江金鄉、平陽。 明防秘密貿易，兼嚴海禁，定勘合之制。 日僧志滿在明，重修涼州大雲寺。
洪武十七年	後龜山天皇 元中元年	一三八四年	一月　信國公湯和巡視沿海諸城防倭。 日本南朝復遣如瑤貢明。
洪武十九年	元中三年	一三八六年	閏六月　明太祖命備海船百艘，廣東倍之，以九月會浙江捕倭，既而未行。 明太祖斷絕日本貢使，列日本為不庭之國。 日僧鄂隱慧入明。

洪武二十年	元中四年	一三八七年	一月　置兩浙防倭衛所。 四月　江夏侯周德興，築福建濱海城，並練兵備倭。 胡惟庸通日叛國罪暴露，明太祖誅林賢一族，更製昭示姦黨錄，警戒國人。
洪武二十二年	元中六年	一三八九年	十二月　倭寇浙江海寧，尋犯廣東。
洪武二十四年	元中八年	一三九一年	八月　浙江黃巖海賊引倭入寇，捕斬之。 九月　倭寇廣東雷州，百戶李玉、鎮撫陶鼎戰死。 日本王子滕祐壽，來入國學，明太祖善待之，授觀察使，留之京師。
洪武二十五年	元中九年	一三九二年	日本南北朝統一，將軍足利義滿開府於京都室町。
洪武二十七年	後小松天皇 應永元年	一三九四年	一月　練兵防倭。 二月　倭寇浙東，都督楊文、劉德、商暠巡視兩浙。 三月　魏國公徐祖輝、安陸侯吳傑，備倭浙江。 八月　吳傑及永定侯張銓，備倭廣東。

			十月　倭寇遼寧金州。
洪武二十九年	應永三年	一三九六年	明廷頒訂擒倭賊賞格。
洪武三十一年	應永五年	一三九八年	二月　倭寇山東寧海（今牟平），百戶何福戰死，殺鎮撫盧智，寧海衞指揮陶鐸擊敗之。 同月　倭寇浙東海澳寨楚門，千戶王斌、鎮撫袁潤等皆戰死。詔發兵出海追捕。 閏五月　明太祖崩，皇太孫恭閔帝（惠帝）嗣位。
惠帝建文三年	應永八年	一四〇一年	日本以肥富、祖阿使明。 十月　倭寇浙東。
文四年	應永九年	一四〇二年	八月　明使禪僧道彝、天倫等抵日，頒示大統曆。 日本以天龍寺僧堅中圭密使明。 惠帝叔父燕王朱棣，舉兵迫金陵，逐明惠帝而即位，是爲明成祖。
成祖永樂元年	應永十年	一四〇三年	十月　日本入貢。
永樂二年	應永十一年	一四〇四年	四月　中日締結永樂勘合貿易條約。

			五月　倭寇浙東。 同月　清遠伯王友充總兵官，帥舟師沿海捕倭。 同月　明使趙居任抵日，頒「日本王之印」一方。並攜四書集註、詩集傳等書，朱子之學遂興。 十一月　日本遣使來賀冊立皇太子。
永樂三年	應永十二年	一四〇五年	十一月　日本貢明，繫賊魁二十人以獻。明成祖嘉其獻俘，遣鴻臚寺少卿潘賜，偕中官王進使日，賜足利義滿九章冕服。
永樂四年	應永十三年	一四〇六年	一月　明成祖遣侍郎俞士吉齎璽書至日褒獎。並封日本肥後阿蘇山爲壽安鎮國之山。 六月　日本遣使謝賜冕服。 十月　平江伯陳瑄擊倭於沙門，敗之，追擊之朝鮮境上。
永樂五年	應永十四年	一四〇七年	日本遣僧堅中圭密貢明，並繫送海寇來獻。 五月　日本貢明，且獻海寇，使還，請賜明仁孝皇后（成祖徐皇后）所製勸善、內訓二書，即

			命各給日本。 同月　足利義滿去世，義持繼將軍職。 十一月　日本遣堅中圭密來明報喪。
永樂六年	應永十五年	一四〇八年	十二月　明成祖命中官周全往祭足利義滿，賜諡「恭獻」，且致賻，並封義持爲日本國王。 同月　倭寇山東，豐城侯李彬、柳升、陳瑄等率舟師分道沿海捕之。
永樂七年	應永十六年	一四〇九年	六月　柳升敗倭於山東青州。
永樂八年	應永十七年	一四一〇年	四月　足利義持遣使入明謝弔父喪。 十月　倭寇福州。
永樂九年	應永十八年	一四一一年	一月　李彬、陳瑄率浙江、福建兵捕海寇。 二月　倭掠廣東，陷昌化千戶所，殺守將。明成祖敕副總兵李珪戴罪自贖。 同月　明成祖復遣王進使日，齎敕褒賚，收市物貨，義持斷然拒絕，未許入京。 三月　中軍都督劉江鎮守遼東，不謹斥堠，海寇入

			寨，殺邊軍，明成祖怒，遣人斬江首，既而宥之，使圖後效。 五月　倭寇浙東磐石。
永樂十一年	稱光天皇 應永二十年	一四一三年	倭寇浙江昌國，擊敗去。
永樂十四年	應永二十三年	一四一六年	五月　明成祖敕遼東總兵都督劉江，及沿海衛所備倭。 六月　倭船三十二艘，泊山東靖海衛揚村島，明成祖命都督同知蔡福等，率兵萬人擊之。 十二月　明置遼東金州旅順口、望海堝、左眼、右眼、三手山、西沙洲山頭、爪牙山敵臺七所。
永樂十五年	應永二十四年	一四一七年	一月　倭寇浙江松門金鄉、平陽。 六月　中官張謙敗倭於金鄉衛。 明成祖命刑部員外郎呂淵等，齎敕責讓日本，令悔罪自新，中華人被略者，亦令送還。

永樂十六年	應永二十五年	一四一八年	一月　倭陷松門。按察司僉事石魯生誅。 四月　呂淵自日本還，義持遣日隅薩三州刺使島津滕存忠等，奉表謝罪。惟日史則謂呂淵滯留太宰府，不得要領而歸。
永樂十七年	應永二十六年	一四一九年	劉江殲倭於望海堝。
永樂十八年	應永二十七年	一四二〇年	都指僉事衛青備倭於山東海上。
永樂十九年	應永二十八年	一四二一年	二月　都督僉事胡原，帥師備倭廣東。
永樂二十年	應永二十九年	一四二二年	四月　倭寇浙江象山。
永樂二十二年	應永三十一年	一四二四年	七月　明成祖死於榆木川軍次，子仁宗立。
仁宗洪熙元年	應永三十二年	一四二五年	明仁宗去世，子宣宗立。
宣宗宣德七年	後花園天皇 永享四年	一四三二年	明宣宗命中官柴山往琉球，令其王轉諭日本來貢。
宣德八年	永享五年	一四三三年	五月　將軍足利義教，遣僧龍室道淵使明。 中日締結宣德勘合貿易條約。
宣德十年	永享七年	一四三五年	一月　明宣宗去世，子英宗立。 十月　日本遣恕中中誓貢明。

英宗正統元年	永享八年	一四三六年	二月　日使恕中中誓歸國，明英宗賚賞日本銀幣。 四月　日本遣使至明，請求信符勘合。
正統四年	永享十一年	一四三九年	四月　倭船四十艘，連破浙東、臺州、桃渚、寧波、大嵩二千戶所。又陷昌國衛，大肆殺掠。 八月　朝廷下詔備倭，命重師守要地，增城堡，謹斥堠。
正統五年	永享十二年	一四四〇年	五月　倭寇浙東。
正統七年	後花園天皇 嘉吉二年	一四四二年	五月　倭陷大嵩所，殺官軍百人，掠三百人，糧四千四百餘石，軍器無算。 六月　戶部侍郎焦宏整飭浙江備倭事兼理蘇、松，福建。
正統十一年	後花園天皇 文安三年	一四四六年	四月　倭寇浙西。
正統十四年	後花園天皇 寶德元年	一四四九年	八月　明英宗被圍於土木堡，成王監國。旋卽帝位，是爲明景帝。 同月　檄兩京河南山東備倭，運糧諸軍入衛。

景帝景泰四年	後花園天皇 享德二年	一四五三年	八月　足利義政遣東洋允澎使明，入貢至山東臨清，掠居民貨，指揮往詰，毆幾死。
英宗天順元年	後花園天皇 長祿元年	一四五七年	明英宗復辟，明景帝幽廢。 足利義政聞臨清刼案，囚允澎。
天順二年	長祿二年	一四五八年	足利義政遣通事盧圓赴朝鮮，詢獻明何物爲宜、何人爲使。 朝鮮以聞，廷議敕朝鮮復實，令擇老成識大體者充使，不得仍前肆擾。
天順八年	後土御門天皇 寬正五年	一四六四年	一月　明英宗去世，子憲宗嗣位。
憲宗成化二年	後土御門天皇 文正元年	一四六六年	四月　倭寇浙東。
成化四年	後土御門天皇 應仁二年	一四六八年	六月　日本遣僧天與清啟使明。

成化九年	後土御門天皇 文明五年	一四七三年	日僧桂菴玄樹歸國。
成化十三年	文明九年	一四七七年	三月 日本遣竺芳妙茂來貢，求佛祖通紀諸書，詔以法苑珠林賜之。使者請於常例外，增賜錢五萬貫，明憲宗許之。
成化二十年	文明十六年	一四八四年	十月 義政遣子璞周瑋來明，請求經援。
成化二十三年	文明十九年	一四八七年	八月 明憲宗去世，子孝宗嗣位。
孝宗弘治五年	後土御門天皇 明應元年	一四九二年	三月 日本遣堯天壽蓂使明，還至山東濟寧，其下持刀殺人。明孝宗詔自今止五十人入都，餘留舟次，嚴防禁焉。
弘治十八年	後柏原天皇 永正二年	一五〇五年	五月 明孝宗去世，子武宗嗣位。 多 日本入貢。
武宗正德元年	永正三年	一五〇六年	明頒正德勘合予日本。
正德三年	永正五年	一五〇八年	將軍義植令禁惡錢，聽用洪武、永樂、宣德等銅錢，破損者定其價值。

正德五年	永正七年	一五一〇年	二月　日本細川氏遣宋素卿入明，時劉瑾竊柄，納其黃金千兩。
正德六年	永正八年	一五一一年	日本遣了菴桂悟貢明。伊勢松坂人五郎太夫祥端從遣明使入明，學染物，及陶器製法。
正德十六年	後柏原天皇 大永元年	一五二一年	三月　明武宗去世，無嗣遺詔世宗即位。
世宗嘉靖二年	大永三年	一五二三年	五月　日本大內義興使者宗設謙道，與細川高國使者宋素卿之爭貢事件發生，明廷遂罷市舶。
嘉靖十八年	後奈良天皇 天文八年	一五三九年	七月　日本遣湖心碩鼎至寧波，求勘合明世宗敕巡按御史，督同三司官覈，果誠心效順，如制遣送，否則却回，且嚴居民交通之禁。明商在日本周防貿易甚盛。
嘉靖十九年	天文九年	一五四〇年	三月　日使湖心碩鼎自寧波至北京，申前請，乞賜嘉靖新勘合，部議勘合不可遽給，務繳舊易新，貢期限十年，人不過百，舟不過三。詔

			如議。
嘉靖二十年	天文十年	一五四一年	七月　明船至日本豐後神寺宮。
嘉靖二十一年	天文十一年	一五四二年	明船至日本肥前平戶。
嘉靖二十二年	天文十二年	一五四三年	八月　明船五艘至日本豐後。
嘉靖二十三年	天文十三年	一五四四年	七月　日本來貢，未及期，且無表文，却之。日人利互市，劉海濱不去。巡按御史高節請治沿海將吏罪，嚴禁姦豪交通，得旨允行，而內地諸奸利其交易，多爲之囊橐，終不能絕。 同月　日本種子島氏發勘合船來明。
嘉靖二十四年	天文十四年	一五四五年	六月　種子島之勘合船歸抵日本。
嘉靖二十五年	天文十五年	一五四六年	明船至日本豐後之佐伯。
嘉靖二十六年	天文十六年	一五四七年	二月　朝鮮執獻通倭船二百餘人。 七月　倭寇浙東寧波、臺州，大肆殺掠，攻掠諸郡邑無算，官民廨舍焚燬至數千百區。 十月　朱紈至浙，任巡撫都御史兼提福建福州、興化、漳州、泉州、建寧五府軍務，下令禁海

			十一月　日本遣使周良先期（在七月）入貢，明世宗敕守臣勒回。
嘉靖二十七年	天文十七年	一五四八年	三月　朱紈討平浙東覆鼎山海賊。 四月　盧鏜攻寧波雙嶼賊巢，遇賊於九山洋，俘日人稽天，擒賊首許棟，棟黨汪直收餘衆遁。鏜築寨雙嶼而還。 六月　朱紈討溫州、磐石、南麂諸海賊。
嘉靖二十八年	天文十八年	一五四九年	四月　日使周良抵北京。 同月　朱紈被劾擅殺，落職。 七月　浙江海賊起。
嘉靖三十年	天文二十年	一五五一年	四月　浙江巡按御史董威宿請寬海禁，下兵部尚書趙錦覆議，從之。 汪直、徐海與倭結，勢益張。 明船至日本越前。
嘉靖三十一年	天文二十一年	一五五二年	三月　海寇犯廣東瓊州，殺官大掠。

四月　倭掠福建漳州、泉州。

同月　倭寇浙江，犯臺州，破黃巖。

七月　倭警頻仍，廷議復設巡視重臣，以都御史王忬提督軍務，巡視浙江海道，及興、漳、泉地方。

嘉靖三十二年　天文二十二年　一五五三年

二月　倭犯浙江溫州，參將湯克寬敗之。

閏三月　汪直勾倭大舉入寇，聯艦數百，蔽海而至，浙東西、江南北，瀕海數千里，同時告警。

同月　蘇州同知任環禦賊寶山洋，相持數日，始遁去。

同月　王忬破倭於寧波東海之普陀，汪直乘風發逸去。

同月　汪直犯溫州、臺州、寧波、紹興，湯克寬追捕。轉犯蘇州、松江二郡，梱載而去。

同月　賊首蕭顯率勁倭四百餘，屠江蘇南滙、川沙

嘉靖三十二年	天文二十二年	一五五三年
		，逼松江而軍，餘衆圍嘉定、太倉，又掠江陰，所過殘破不可言。盧鏜倍道掩擊，斬蕭顯。餘衆奔入浙，陷紹興之臨山衞，轉掠松陽。
	同月	各路賊轉掠浙江平湖、嘉興、餘姚、海寧。
	五月	給事中賀涇，奏南京根本重地，海洋密邇，請設總兵駐鎮江，從之。
	同月	浙江參政潘恩按部海鹽，賊圍之數匝，湯克寬與僉事姜廷頤力禦，賊不能克。已而陷乍浦城、蓁嶼所，掠奉化、寧海，湯克寬追擊之。
	同月	任環在蘇，連戰於寶山、陰沙、南沙皆捷。
	六月	賊在內地剽掠三月，各衞所州縣被焚掠者幾三十處。俞大猷逐賊海中，焚其舟五十。
	同月	廷議將士無紀律，設大將統制之，乃進湯克寬副總兵，駐金山衞，提督海防諸軍。

七月　浙江太平府同知陳璋敗倭獨山。

八月　賊刼金山衛，犯崇明、常熟、嘉定。

十一月　賊犯浙東平湖五縣。

嘉靖三十三年　天文二十三年　一五五四年

一月　官軍圍倭於南沙，五閱月不克，倭潰圍出，轉掠蘇州、松江。

二月　官軍敗績於松江。巡撫應天都御史彭黯遷南京工部尚書，畏賊，不俟代去，下獄除名。

同月　倭犯江蘇通州、泰州、如皐、海門，焚掠鹽城，餘衆入青州、徐州，入江南北漕艘幾阻，山東大震。

同月　總督漕運侍郎鄭曉請發帑金數十萬，造戰舸，築城堡，練兵將，積芻糗，詔從之。

同月　朝廷改王忬爲右副都御史巡撫大同，以徐州兵備副使李天寵代之。

四月　倭陷浙江嘉善，轉趨嘉興，官軍禦之敗績。賊乘勢入據石墩山，分兵四掠，攻嘉興府城

嘉靖三十三年	天文二十三年	一五五四年

，副使陳宗夔禦却之，焚其舟，賊遁入乍浦，與長沙灣寇合，犯海寧諸縣。既而東入海，至崇明，破其城。

五月　倭自崇明進犯蘇州，城閉，鄉民燒城號，任環盡納之，全活數萬人，副將解明擊退倭，尋陷崇德。

同月　朝廷以南京兵部尙書張經總督浙福南畿軍務，敕令節制天下之半，便宜從事，開府置幕。

六月　倭自吳江掠嘉興，王江津一役，官軍大潰，都指揮夏光中流矢，溺死。

七月　嘉興寇，轉掠松江出海，總兵兪大猷擊敗之於吳淞所。

八月　倭寇自嘉興還屯採陶港、柘林諸處，進薄嘉定，參將李逢時遇賊於新涇橋敗之。參將許國追至採陶港，乘勝深入，伏出大潰，溺死者千人。

九月　總督漕運侍郎鄭曉破倭於通州，連敗之如皐、海門、呂四，圍之狼山，前後斬首九百餘，倭潰去。

十月　倭寇嘉善，圍嘉興，刼秀水、歸安，副使陳宗夔、湯克寬與賊戰不利，百戶賴華中砲死，嘉善知縣鄧植棄城，賊入城大掠。

十一月　改張經右都御史兼兵部右侍郎專辦討賊。時倭二萬據柘林、川沙窪，抄掠四出。

嘉靖三十四年　後奈良天皇弘治元年　一五五五年

一月　倭陷崇德，轉掠塘西、新市、橫塘、雙林、烏鎮、菱湖諸鎮，攻德清，殺裨將梁鶚等，杭城數十里外，血流成河。

同月　朝廷命豐潤伯曹松督兵於南京孝陵衛防倭。

二月　工部侍郎趙文華南下祭海，兼區處防倭。

三月　倭犯江北淮安、揚州，流刼狼山，入通州。

同月　三丈浦賊，分掠常熟、江陰，蘇松兵備副使

嘉靖三十四年	後奈良天皇 弘治元元	一五五五年

任環破其巢於南沙。

四月　倭趨嘉興，巡按御史胡宗憲中以毒酒，死數百人。

同月　趙文華趣張經進兵擊倭，經以部署未定，未納，文華劾經縻餉殃民，畏賊失機罪。

同月　張經破倭於石塘灣。

五月　王江津大捷，自軍興以來，稱戰功第一，斬賊首一千九百餘級，焚溺死者無算。

同月　新倭大至，三十餘艘突青村所，與南沙賊合，犯蘇州，敗南京都督周于德兵，鎮撫蘇憲臣被殺。旋分兩股：一北掠滸墅，一南掠橫塘，蔓延常熟、江陰、無錫之境，出入太湖，莫能禦者。

同月　逮張經下獄，以巡撫應天都御史周珫代經爲總督。

同月　盧鏜於王江津捷後，與蜀將陳正元擊賊張莊

嘉靖三十四年	後奈良天皇 弘治元年	一五五五年

	，焚其壘，追擊之後港，爲賊所敗。
同月	俞大猷、任環擊犯蘇州之倭，大破於陸涇壩。
同月	川沙窪倭犯閘港、周浦，僉事董邦政、游擊周藩擊之，遇倭驚潰，藩被創死。倭屯石塘橋，流劫崑山、石埔。
同月	倭犯山東日照，流劫東安衛，入蘇境，至贛榆、沭陽、淮安、桃源（今泗陽）各縣。至清河阻雨，爲徐邳官兵所殲。倭不過數十人，流害千里，其悍如此。
六月	蘇常賊退入太湖，自三板沙掠民船將遁，任環、俞大猷追擊於馬蹟山。
同月	金涇、許浦、白茆港賊俱出海，俞大猷追擊於狼山。
同月	據江陰蔡涇閘寇，分衆犯塘頭，知縣錢錞戰於九里山，死之。副使王崇古擊之夏港，追

嘉靖三十四年	後奈良天皇 弘治元年	一五五五年
同月	殲之靖江，賊敗走。 趙文華劾周琉、李天寵、勒琉，以南京兵部侍郎楊宜代琉總督軍務，超擢胡宗憲僉都御史代天寵爲巡撫。明世宗又鑄督察軍務關防印，賜趙文華，文華威出總督上，恣肆驕縱，將士解體，賊寇愈熾。	
七月	蘇浙倭六七十人，流劫浙江上虞、會稽、高埠，由杭州北新關西掠於潛、昌化，剽嚴州、淳安、突徽州歙縣，至績溪、旌德，過涇縣，陷南陵，流劫蕪湖南岸，奔太平。	
八月	倭犯江寧鎮，指揮朱襄縱酒失機，倭沿鄉搶掠秣陵關，守將羅節卿望風潰奔。倭犯南京，兵部尚書張時徹、侍郎陳洙等，閉城不敢出。倭旋犯大安、鳳臺，越二日，出秣陵，入溧水，至溧陽、宜興，聞俞大猷、任環兵出，一晝夜奔百八十餘里，越武進，抵無	

嘉靖三十四年

後奈良天皇
弘治元年

一五五五年

錫，駐惠山，進至常熟之滸墅。

同月　御史葉恩、巡撫胡宗憲，追論李天寵失寇，天寵逮下獄，論死。

九月　蘇松巡撫都御史曹邦輔，敗倭於滸墅。

同月　趙文華及胡宗憲，擊倭於陶宅，敗績。

十月　陶宅倭勢未已，俞大猷以縱賊，責取死罪，詔立功自贖。

同月　倭二百人，自浙江樂清登岸，流刧黃巖仙居、奉化、餘姚、上虞等縣，被殺擄者無算。旋折掠寧波，犯會稽，至嵊縣始滅，歷時凡五十日，流刧浙東府縣者几。

同月　倭犯福建興化、泉州。

同月　游擊將軍曹克新，破倭於陶宅、周浦。

閏十一月　俞大猷、王崇古，敗倭寇於蘇東海中老鸛嘴。

同月　趙文華督川兵，遇倭，潰於高橋。

嘉靖三十四年	後奈良天皇 弘治元年	一五五五年	同月　任環剿蘇州新場倭，敗績。未幾，倭攻上海，任環敗之於五里橋。 十二月　言者數奏南京諸營耗亡之弊，詔立振武營，簡諸營銳卒充之，益以淮陽矯捷者，江北舊有池河營，專誠守護陵寢二營，兵各三千，領以勳臣，別設場團練。 楊宜遣鄭舜功，至日本肥前平戶，見大友義鎮，請禁戢海盜入寇，義鎮以聞，將軍足利義輝檢點海舟，剿捕兇奸，而內亂日劇，卒不能制。
嘉靖三十五年	弘治二年	一五五六年	一月　官軍擊倭於松江，敗績。 二月　趙文華還朝，盛毀楊宜。會御史邵惟忠上新場失事狀，巡按御史周如斗再以敗狀劾楊宜，及曹邦輔，宜罷，邦輔謫戍朔州。以胡宗憲爲兵部侍郎代總督，張景賢代邦輔爲蘇松巡輔，阮鶚代宗憲爲浙江巡撫。

嘉靖三十五年　弘治二年　一五五六年

三月　兪大猷調充浙江總兵官。

同月　胡宗憲欲招致汪直，遣寧波諸生蔣洲、陳可願往日，遇之於五島，汪直有歸順意，遣義子汪滶偕陳可願返。

同月　汪滶爲示誠意，遵胡宗憲囑，破倭於舟山瀝表。

同月　明世宗以鄭曉知兵，改右都御史，協理戎政。

同月　倭掠溫州，同知黃釧迎擊，被執，索千金爲贖，釧罵之不置，倭怒殺之。

同月　江北倭，流刼至鎭江圌山，安徽無爲州同知齊恩敗之。

同月　倭犯西庵、沈莊，及淸水窪，兪大猷、董邦政敗之。

同月　徐海引大隅、薩摩二島倭，分掠瓜洲、上海、慈谿，自領萬餘人攻乍浦，趨皀林，游擊宗禮擊之敗沒。

嘉靖三十五年	弘治二年	一五五六年

五月　徐海、陳東圍攻桐鄉，胡宗憲計解桐鄉之圍。

同月　趙文華提督江南浙江軍務。

同月　蔣洲自日本還，豐後大友義鎮、山口大內義長，皆遣使謝罪，送還被掠人口，並請頒勘合修貢。詔諭擒獻海寇，及中國奸商，方許通貢。

六月　俞大猷敗倭於黃埔。

同月　倭陷仙居，趨臺州，盧鏜破之彭溪。時兩浙皆被倭患，慈谿焚殺獨慘，餘姚次之。浙西柘林、乍浦、烏鎮、皀林皆爲賊巢，前後至者二萬餘人。詔胡宗憲急圖方略。

同月　胡宗憲使夏正遊說徐海，計縛陳東。

七月　胡宗憲破倭於乍浦。

八月　胡宗憲襲破徐海於梁莊。

年號	日本年號	西曆	事件
嘉靖三十五年	弘治二年	一五五六年	九月　斬陳東、麻葉、徐洪、幸五郎，及引斬徐海屍於嘉興。 同月　朝廷以浙倭平，祭告郊廟。 十月　倭自漳浦登岸，所過焚掠無計，漳浦自此歲歲苦倭。 十一月　有倭船自浙敗還，漂入朝鮮，國王李峘遣兵殲之，以所得中國被俘，及助逆者三十餘人來獻。 十二月　俞大猷勦平浙東餘倭於舟山。 同月　東南倭患已四年，朝議練鄉兵禦賊；浙江參將戚繼光，請期二年而後用之。臺州知府譚綸亦練千人，立束伍法，自裨將以下，節節相制，進止齊一。未幾，即成精銳。 同月　設福建巡撫。
嘉靖三十六年	弘治三年	一五五七年	一月　阮鶚調任福建巡撫，胡宗憲兼浙江巡撫。 四月　倭犯如皋、海門，攻通州。

嘉靖三十六年	弘治三年	一五五七年

五月　倭掠揚州、高郵，陷寶慶，犯徐州，入山東界。

同月　倭犯安徽天長、盱眙，攻泗州。南京兵部尚書張鏊，檄參將劉顯防滁口，倭轉犯江蘇淮安。

六月　兵備副使于德昌、參將劉顯，敗倭於江蘇安東。

七月　奪趙文華職，病蠱死。

九月　汪澈率黨數千人，自五島泊舟於錢塘江口（岑港）。

十月　日本大友義鎮，遣夷目善妙等四十餘人，至岑港，隨汪直來市。旋逮直下獄論死。

同月　廷議以倭擾江北，督漕都御史不暇辦寇，請設巡撫。明廷以李遂撫鳳陽四府，專責討寇。

十一月　倭揚帆南攻福建福寧州，破福安、寧德二

嘉靖三十六年	弘治三年	一五五七年	縣，泊泉州浯嶼。 十二月　琉球世子尙元，擊倭海中，獲中國被掠者六人，因貢使來還。
嘉靖三十七年	正親町天皇 永祿元年	一五五八年	本年粵、浙、閩三省被掠，分述如次： 粵省被寇情形： 二月　倭犯潮州鮀浦，攻蓬州，千戶所僉事萬仲臨敵兵潰，領哨千戶魏岳、高洪俱死。 浙省被寇情形： 四月　倭犯臺州臨海之三石鎭約數千人，胡宗憲擊走之。 五月　倭犯溫州，大掠。 七月　岑港餘賊，移巢柯梅，胡宗憲上書陳戰功，謂賊指日可滅，所司論其欺誕，盡奪俞大猷、戚繼光等職，切讓宗憲，令尅期平賊。 十月　官軍攻柯梅不能克，御史李瑚劾胡宗憲誘汪直啟釁，巡按御史王本固、劉堯誨亦劾宗憲

嘉靖三十七年

正親町天皇
永祿元年

一五五八年

縱寇，請追奪功賞。明世宗以宗憲功多，乃令居職如故。

十一月　柯梅倭造巨艦爲遁計，胡宗憲不擊，賊遂南流，其衆三千至浯嶼，與去冬之倭合，福建人大噪，謂宗憲嫁禍，李瑚再以三罪劾之。

閩省被寇情形：

四月　浯嶼倭登岸，攻福清縣，執知縣葉宗文。掠南安縣，乘勝犯惠安縣，知縣林咸拒敵，陷伏死。

同月　去冬犯福寧倭，與犯惠安倭合，共犯福州。巡撫阮鶚懼賊，賄以重金，驅之離境。御史宋儀望等交章劾鶚，鶚以嚴嵩救，黜爲民。

同月　倭犯長樂、同安二縣，流刼漳州之月港，焚燒人家，奪舟去。

十月　兵備副使谷嶠捍禦海上，屢破倭，知府以捷

嘉靖三十七年	正親町天皇 永祿元年	一五五八年	閏，進山東參政。 十一月　朝命職方司郎中唐順之往南畿浙江，與宗憲協謀討賊。 多　戚繼光練兵三千及期，海道副使譚綸收之以爲用，客兵罷不復調。
嘉靖三十八年	永祿二年	一五五九年	本年閩、浙、蘇三省被寇，分述如次： 閩省被寇情形： 一月　倭在浯嶼者，散處行刼。 四月　新倭三千至，與屯浯嶼倭，攻連江、羅源二縣，流刼各鄉。進攻福州，圍城經月，旋破寧德，移攻福安破之。時沿海長樂、福清等縣，皆有倭舟，而廣東流寇，又往來於詔安、平和、漳浦、南靖、長泰各縣，而福州、興化、漳州、泉州，無地非倭。 五月　屯浯嶼倭之汪激部，移衆至廣東南澳。 浙省被寇情形：

嘉靖三十八年	永祿二年	一五五九年

三月　倭犯臺州，海道副使譚綸破之於馬崗何家礁，又與戚繼光共破之於葛埠南灣。

同月　兪大猷以縱賊南奔，播害閩廣罪，被胡宗憲所劾，至是逮大猷至京訊治，罷職，發大同立功。

蘇省被寇情形：

四月　倭犯通州、海門，兵備副使劉景韶敗之。

同月　倭攻淮安，巡撫鳳陽都御史李遂敗之於姚家蕩，倭退據廟灣。

五月　劉景韶破倭於廟灣。

六月　盧鏜破倭於三川沙。

七月　游擊邱陞破倭於鄧家莊。

八月　劉景韶破倭於劉家莊。

至是江北倭盡。

十二月　擢李遂任南京兵部侍郎，以僉都御史唐順之爲巡撫。

嘉靖三十八年	永祿二年	一五五九年	同月　詔斬汪直於杭州。
嘉靖三十九年	永祿三年	一五六〇年	二月　倭寇六千人，流刼廣東潮州。 同月　加宗憲太保。還阮鶚官。 四月　唐順之卒於通州。 五月　胡宗憲上疏請節制巡撫，及操江都御史，如三邊故事。明世宗晉宗憲兵部尚書，如其請。 明僧江夏友至日本薩摩，仕於島津氏。
嘉靖四十年	永祿四年	一五六一年	四月　浙倭大掠桃渚圻頭，戚繼光敗之龍山，追之雁門嶺，賊遁去，乘虛襲臺州，繼光擊之於仙居，九戰皆捷。 九月　總兵盧鏜及參將牛天錫，破賊於寧波、溫州。 浙東寇平，戚繼光旋去江西，破閩廣流賊，既而還浙。
嘉靖四十一年	永祿五年	一五六二年	三月　都指揮歐陽深，破倭於泉州。

嘉靖四十一年	永祿五年	一五六二年	同月　倭陷永寧衛，大掠數日而去。復破永寧城，大殺城中軍民，燒燬幾盡。 六月　倭猛犯閩，攻陷壽德、政和、寧德各縣。復陷元鐘所，延及龍巖、大田、莆田、古田、松溪各縣。 七月　戚繼光破倭於橫嶼、牛田、東營澳三地。 十一月　南京給事中陸鳳儀劾胡宗憲十大罪，逮問，尋釋令閒住。旋罷浙江、福建總督官。以副都御史趙炳然爲兵部侍郎浙江巡撫。 同月　倭圍興化城，給守將得入，城破，副使翁時器、參將畢高臨陣走兔，城中焚掠一空。自倭亂數年，破州縣衛所城百數，未嘗破府城，至是遠近震動。
嘉靖四十二年	永祿六年	一五六三年	一月　福建倭患劇，起復譚綸（時綸以參政丁憂）討之。 同月　巡撫福建都御史游震，得請浙江兵剿賊詔，

嘉靖四十二年	永祿六年	一五六三年
嘉靖四十三年	永祿七年	一五六四年

嘉靖四十二年　永祿六年　一五六三年

發義烏精兵一萬，令戚繼光將以往。

二月　賊徙屯崎頭城，歐陽深搏戰，中伏死。賊以間破平海衞，據之。朝廷罷游震，以譚綸代。

四月　倭犯福清，劉顯、俞大猷（時大猷調福建總兵官）合殲之。

同月　副總兵戚繼光，破倭於平海衞，遂復興化府，及政和、壽寧二縣。福州以南諸寇平。

五月　復逮胡宗憲詣京，宗憲自殺。

六月　福建殘倭流入浙江，官軍擊於連嶼、陡橋、石坪。新倭復犯石坪，將士乘勝殲之。

十月　江北倭有未平者，廷議設總兵官於狼山，統制大江南北，改劉顯任之。

十一月　譚綸恢復福建五水寨，積極整飭福建海防。

嘉靖四十三年　永祿七年　一五六四年

本年東南倭患告息，茲分述之：

嘉靖四十三年	永祿七年	一五六四年	二月　倭萬餘圍福建仙遊縣，譚綸、戚繼光大破之城下。賊敗走同安，繼光揮軍追至王倉坪。餘衆數千，奔據漳浦蔡丕嶺，繼光擒斬略盡，餘賊掠漁舟出海去，福建倭平。 六月　倭犯廣東海豐，俞大猷、湯克寬破之，潮州、惠州之倭賴以殲，廣東倭平。
嘉靖四十五年	永祿九年	一五六六年	三月　明船五艘，飄至日本相摸三浦，北條氏康檢其船，使加修理而返明。 十二月　明世宗去世，子穆宗立。 明船至日本伊豆。
穆宗隆慶三年	永祿十二年	一五六九年	廣東巨寇曾一本，引倭入寇，旋平之，曾一本被誅。
隆慶四年	正親町天皇 元龜元年	一五七〇年	一月　倭陷廣東廣海衞，大殺掠而去。 閩浙人（日書「長崎拾介」稱爲南蠻人）請日本大村氏，定長崎爲進口之港。
隆慶五年	元龜二年	一五七一年	日本肥前大村氏，使家臣友永對馬開長崎市林。

隆慶六年	元龜三年	一五七二年	閏二月　倭五千攻陷廣東電白，大掠而去。吳川、陽江、茂名、海豐、新寧、惠來諸縣，悉被焚燬。轉入雷州、廉州、瓊州三郡境，亦被其患。僉事李材追擊於石城，復敗之於高州、雷州。 五月　明穆宗去世，子神宗嗣立。
神宗萬曆二年	正親町天皇 天正二年	一五七四年	閏十二月　陷廣東銅鼓衞雙魚所，張元勳大破之儒峒。 倭犯浙東寧波、紹興、臺州、溫州四郡。
萬曆三年	天正三年	一五七五年	三月　明船至日本豐後。 倭犯廣東電白。
萬曆四年	天正四年	一五七六年	十月　倭犯浙東定海。 明船又至日本豐後。
萬曆七年	天正七年	一五七九年	明船至日本伊豆，北條氏政遣人監督交易。
萬曆八年	天正八年	一五八〇年	倭犯浙江韭山，及福建澎湖東湧。
萬曆十年	天正十年	一五八二年	三月　倭寇溫州。

萬曆十年	天正十年	一五八二年	六月　倭寇廣東，總督陳瑞、總兵官黃應甲，連破倭、蜑賊於廣東沿海。
萬曆十六年	後陽成天皇 天正十六年	一五八八年	倭犯浙江，然時疆吏懲嘉靖之禍，海防頗飭，賊來輒失利。至是沿海剿倭之役告終，而援朝鮮之師又起。 日本是歲以長崎爲公領。

肆拾叁　倭寇擾明時期明帝世系表

1. 太祖朱元璋
2. 惠帝允炆
3. 成祖棣
4. 仁宗高熾
5. 宣宗瞻基
6. 英宗祁鎮
7. 景宗祁鈺
8. 憲宗見深
9. 孝宗祐樘
10. 武宗厚照
11. 世宗厚熜
12. 穆宗載垕
13. 神宗翊鈞

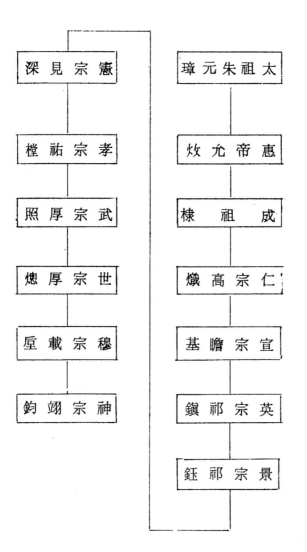

肆拾肆　倭寇擾明時期日本天皇世系表

1. 長慶天皇
2. 後龜山天皇
3. 後小松天皇
4. 稱光天皇
5. 後花園天皇
6. 後土御門天皇
7. 後柏原天皇
8. 後奈良天皇
9. 正親町天皇
10. 後陽成天皇

參考書目

王　儀　中日關係史
李光濤　朝鮮壬辰倭禍中之平壤戰役與南海戰役
張濟時　將德與仁
王婆楞　歷代征倭文獻考
郎英七　修類稿
吳緝華　中國歷史地理明代篇
李絜非　浙史紀要
歸有光　備倭事略
歸有光　御倭議
清朝雍正浙江通志
明嘉靖浙江通志
續文獻通考

明史譚綸傳
明史戚繼光傳
明史俞大猷傳
明史朱紈傳
明史王忬傳
明史胡宗憲傳
明史世宗本紀
王婆楞　歷代備倭制議
卜大同　歷代備倭制議
劉振志　中外名將逸話
明書亂賊汪直傳
東海瓊華集
經濟錄
明史地理志
胡宗憲　廣東要害論
胡宗憲　福寧州論

胡宗憲　福洋五寨會哨論
胡宗憲　福洋要害論
胡宗憲　舟山論
胡宗憲　浙江四參六總分哨論
胡宗憲　江北設險方略論
胡宗憲　浙直福兵船會哨論
鹽邑志林
閩書島夷志
閩書漳志
籌海圖編
元史世祖本紀
吳萊　論倭
海鹽圖經
通鑑明紀
池北偶談
高皇帝御製文集

後漢書東夷傳
明史劉榮傳
明史稿
東西洋考
大明實錄
皇朝類苑風俗誌
明書
憲章類編
明史日本傳
明史湯和傳
明史紀事本末
高麗史（韓）
貞和貞（日）
吉田家日次記（日）
武家年代記（日）
滿濟准后日記（日）

觀竹林院左府記（日）
神皇正統記（日）
空華日工集（日）
大日本史講座（日）
花營三代記（日）
日本國志（日）
善鄰國寶記（日）
內田　日本國史總論（日）
百練抄（日）
明見記（日）
吾妻鏡（日）
修史爲徵一大明皇帝書（日）
南方紀傳（日）
大乘院日記目錄（日）
如是院年代記（日）
敎言卿記（日）

東寺王代記（日）
東寺執行日記（日）
補菴京華別集（日）
實隆公記（日）
壬申入明記（日）
蔭藩閥閱錄（日）
日明勘合貿易細川大內二氏之抗爭文（日）
戊子入明記（日）
蔭涼軒目錄（日）
親元日記（日）
續善鄰國寶記（日）
大乘院寺社雜事記（日）

中華史地叢書

明代平倭史實
（附倭寇擾明年表）

作　　者／王　儀　著
主　　編／劉郁君
美術編輯／中華書局編輯部

出 版 者／中華書局
發 行 人／張敏君
行銷經理／王新君
地　　址／11494 臺北市內湖區舊宗路二段181巷8號5樓
客服專線／02-8797-8396　　傳　真／02-8797-8909
網　　址／www.chunghwabook.wordpress.com
匯款帳號／兆豐國際商業銀行　東內湖分行
067-09-036932　臺灣中華書局股份有限公司

法律顧問／安侯法律事務所
印刷公司／維中科技有限公司　海瑞印刷品有限公司
製　　版／秀威資訊科技股份有限公司
出版日期／2015年3月再版
版本備註／據1984年3月初版復刻重製
定　　價／NTD 397

國家圖書館出版品預行編目（CIP）資料

明代平倭史實 / 王儀著. -- 再版. -- 臺北市
: 中華書局, 2015.03
面 ; 公分. -- (中華史地叢書)
ISBN 978-957-43-2430-9(平裝)

1.倭寇 2.明史

626.65　　104006830

NO.G0024
ISBN 978-957-43-2430-9（平裝）